高等教育财会类
创新应用型系列教材

会计学原理
模拟实训教程

张艳玲 主编　杜 萌 蒲丽苹 副主编

U0413135

化学工业出版社
·北京·

内容简介

《会计学原理模拟实训教程》主要包括实训准备、实训组织方式、实训流程介绍、实训企业基础资料、实训企业主要经济业务等。通过实训，旨在引导学生认知会计基础法律法规，注重学生信息化时代下运用会计基础法律法规与专业理论相结合，完成具象直观的会计实践项目以便学生能够轻松理解会计基本理论；培养学生具备正确的会计职业道德，掌握会计的基本理论知识、基本操作技能；形成良好的会计职业行为习惯；为后续专业课程打下坚实基础的同时，也培养其专业实践能力。本书既能增强学生对会计工作、会计流程的直观感性认识，又可以引发学生对会计的学习兴趣，夯实会计基础，具有较强的不可替代性。

本书可用于审计学、财务管理、大数据与审计、大数据与会计、人力资源管理、国际贸易等专业学生学习“会计学原理”课程的配套实训教学，或用于单独进行会计学原理模拟实训教学，也可以作为财会类专业相关人员培训学习的参考用书。

图书在版编目（CIP）数据

会计学原理模拟实训教程/张艳玲主编；杜萌，蒲丽苹副主编. —北京：化学工业出版社，2022.8（2025.2 重印）

高等教育财会类创新应用型系列教材

ISBN 978-7-122-41319-2

Ⅰ.①会… Ⅱ.①张…②杜…③蒲… Ⅲ.①会计学-高等学校-教材 Ⅳ.①F230

中国版本图书馆CIP数据核字（2022）第071971号

责任编辑：王淑燕　金　杰　　　　装帧设计：张　辉

责任校对：边　涛

出版发行：化学工业出版社（北京市东城区青年湖南街 13 号　邮政编码 100011）

印　　装：北京捷迅佳彩印刷有限公司

787mm×1092mm　1/16　印张 $11^1/_2$　字数 284 千字　　2025 年 2 月北京第 1 版第 3 次印刷

购书咨询：010-64518888　　　　售后服务：010-64518899

网　　址：http：//www.cip.com.cn

凡购买本书，如有缺损质量问题，本社销售中心负责调换。

定　　价：48.00 元

前　言

随着我国高等教育的快速发展，高等教育由“精英”教育向“大众化”教育转变。教学型的普通高校主要承担着社会各种各样应用型人才的培养任务，而从人才市场需求缺口来看，也主要集中在应用型人才上。应用型人才的培养是以应用能力为核心构建学生的知识结构、能力结构、素质结构和培养方案，在课程体系、教学内容和教学方式上形成理论教学和实践教学两个并行的教学体系，尤其要加强实践性教学环节，突出应用性和实践性。重视以学生为中心、以成果为导向的本科教育和职业教育实践教学，构建以应用能力为核心的实践教学体系，对培养高素质应用型人才尤为重要。

“会计学原理模拟实训教程”是审计学、财务管理、大数据与审计、大数据与会计、人力资源管理、国际贸易等专业的专业基础实践课，是学习“会计学原理”课程后的一门入门实践课程。该实训课程旨在引导学生认知会计基础法律法规，注重学生信息化时代下运用会计基础法律法规与专业理论相结合，完成具象直观的会计实践项目以便学生能够轻松理解会计基本理论；培养学生具备正确的会计职业道德，掌握会计的基本理论知识、基本操作技能；形成良好的会计职业行为习惯；为后续专业课程打下坚实基础的同时，也培养其专业实践能力。本教材既能增强学生对会计工作、会计流程的直观感性认识，又可以引发学生对会计的学习兴趣，夯实会计基础，具有较强的不可替代性。

本教材在完成会计基础理论、技能、方法、实践基础上还具有以下特色：

1. 集平面化与立体化为一体，高度仿真，丰富教学资源

5G 信息化时代下教学对象不再以纸质媒介作为唯一知识源，对学生而言，海量信息及信息化工具触手可及，传统纸质化教学资源已不再满足新时代学生的需求。同时，本课程操作性较强，学生接触新知识时需要在教师操作演示下进行。在学生较多、步骤较烦琐的情况下具有一定教学难度，传统意义上纯纸质化教学和手工操作演示下教学效果势必受到影响。

在平面化教材建设方面，相比现有的实训教材，本教材编写团队结合新时代人才培养模式教学需要，深入多家企业进行调研，从会计岗位需求出发，模拟实际工作中企业会计部门岗位设置及职责内容，以原始凭证的填制和审核开始，到会计账务处理流程，设计50笔经济业务。本教材大量的票证单据直接由会计实际工作中使用的票证单据扫描并进行适当处理而成，仿真度极高。同时，本教材不再给出经济业务的文字描述，由学生自行分析经济业务发生时所涉及的原始单据，独立地进行和完成原始单据到会计语言的确认、计量和报告等环节。在立体化教材建设方面，本教材建设团队注重校内实训教学资源建设的同时，不断推进与校外企业、社区街道合作的建设，借助录制的微课视频及具体操作演示，以共同构建立体化教学资源库。本教材配套的课件、实训答案、微课视频可登录化工教育平台（www.cipedu.com.cn）下载使用。

2. 以学生为中心，以成果为导向，思政促学，重视法律法规，优化教学理念

2017年2月中共中央、国务院印发《关于加强和改进新形势下高校思想政治工作的意见》提出要把思想价值引领贯穿教育教学全过程和各环节，形成教书育人、科研育人、实践育人、管理育人、服务育人、文化育人、组织育人长效机制。2017年12月，教育部印发《高校思想政治工作质量提升工程实施纲要》，提出要统筹推进课程育人，充分挖掘和运用各门课程蕴含的思想政治教育元素。2019年8月，由中共中央办公厅和国务院办公厅联合印发的《关于深化新时代学校思想政治理论课改革创新的若干意见》明确要求“解决好培养什么人、怎样培养人、为谁培养人这个根本问题”“全面推动习近平新时代中国特色社会主义思想进教材进课堂进学生头脑”。

自2017年11月5日取消会计从业资格官方认证后，“财经法规与会计职业道德”不再是会计从业人员必考的科目，于是各高校，尤其是应用型本科高校财会专业陆续取消了此类课程。“财经法规与会计职业道德”作为财会专业中最能体现“课程思政”的一门专业课，在未取消前主要以应试教育为目标。取消了该课程之后，“会计学原理模拟实训教程”承接了“财经法规与会计职业道德”的教学内容和教学目标。财会人员必须熟悉国家的法律法规和单位的规章制度，在经济业务处理过程中，严格遵循有关法律法规，做到有章可循。本教材首先引导学生学习会计法、会计基础工作规范、财务会计报告条例、企业财务管理制度等，了解具体规定并灵活运用到后续经济业务处理中。

3. 模拟企业实际工作场景，带领学生体验沉浸式实训过程

本教材以学生为中心，以项目为机制，以成果为导向，模拟企业实况进行会计政策、职业道德规范、企业经济业务等教材实训内容的设计；将企业经济业务实训所涉及的单据（第三章）进行单面印刷，便于学生对原始凭证进行填写或背书并审核后，将正确的原始凭证从教材上剪下，粘贴在记账凭证背面，模拟企业财务会计工作的实际工作场景，带领学生完成会计实务工作的流程和环节，使学生感受到沉浸式会计实训教学的魅力。

4. 基于实际应用场景，校企合作，搭建编写团队

本教材建设团队包括高校财会专业教师、企业实务专家以及计算机专业专家，均是教学和会计工作经验丰富的人员，具备丰富充足的平面化与立体化相结合的教学案例资源库建设经验。本教材与校外企业合作，由电子科技大学成都学院商学院财经系主任张艳玲担任主编，财会实验团队负责人杜萌、高级会计师蒲丽苹担任副主编，专业负责人张玲以及刁顺桃、程秋芳、钟清琪、张丽等共同参与本教材的编写。整个教材编写得到了电子科技大学成都学院的大力支持，同时还有电子科技大学成都学院商学院、成都国腾实业集团有限公司等单位有关教师和工作人员的全力配合，在此致以诚挚的谢意！

本教材可用于审计学、财务管理、大数据与审计、大数据与会计、人力资源管理、国际贸易等专业学生学习“会计学原理”课程的配套实训教学，或用于单独进行会计学原理模拟实训教学，力争彻底夯实会计基础理论基本方法体系和各种账务处理程序在财经法规体系下于企业运营与不同管理流程中的应用，以贴合社会实际人才需求。

编者

2022 年 3 月

目录

第一章

绪论

一、实训目的

本教程以制造业企业资金运动及生产经营流程为主线，模拟企业会计核算流程。采用任务驱动的方式，要求学生进行角色扮演，根据资料熟悉企业生产业务流程，完成建账、填制和审核原始凭证及填制记账凭证、编制科目汇总表、登账、成本核算、对账、结账、编制会计报表等任务。通过本教程的实训练习，使学生将理论学习的知识予以运用，从而能够系统、全面地掌握工业企业会计核算的基本流程和方法。

二、实训场地与资料准备

（一）实训场地与环境

本实训可进行手工账实训，也可进行信息化实训。

1. 手工账实训场地

手工账实训场地可以是一般设备办公环境的实验室，如果实训学生数量较多，还可以把教室作为实训场地。

2. 信息化实训场地

信息化实训场地与环境是在手工账实训环境下配备上计算机及网络化的会计核算软件系统。

3. 其他实训环境因素的布置

为营造充分的模拟环境，可布置或张贴公司证照、财务管理制度、部门分工及岗位职责的图表。

（二）实训材料准备

1. 通用办公材料

通用办公材料准备，以小组配置为佳。

2. 手工账账册、凭证

订本式账册按需实行小组配置，活页式账页与空白凭证在实训中按需取用。

具体配备详细清单及使用量可参考“表 1-1 会计学原理模拟实训所需耗材配备量（每实训小组配备）”。

表 1-1 会计学原理模拟实训所需耗材配备量（每实训小组配备）

耗材名称		规格	单位	数量（每组）
1. 收款凭证	专用凭证与通用凭证每组二选一	50 张 / 本	本	1
2. 付款凭证		50 张 / 本	本	1
3. 转账凭证		50 张 / 本	本	1
4. 通用记账凭证		100 张 / 本	本	1
5. 总分类账		50 张 / 本、订本式、市场定做	本	1
6. 现金日记账		10 张 / 本、订本式、市场定做	本	1
7. 银行存款日记账		10 张 / 本、订本式、市场定做	本	1
8. 三栏式明细账		活页式	张	40
9. 数量金额式明细账		活页式	张	30
10. 多栏式明细账		活页式	张	10
11. 应交增值税明细账		活页式	张	4
12. 科目汇总表			张	3
13. 账夹		（2 个封皮 +1 条绳）/ 付	付	3
14. 启用表			张	3
15. 凭证封面			张	3
16. 凭证包角			张	3
17. 计算器			个	1
18. 尺子		金属直尺 30cm	条	1
19. 裁纸刀		塑料柄钢刀	把	1
20. 会计通用章		最新	盒	1
21. 双色自动印台		红、蓝双色	盒	1
22. 红色签字笔			支	2
23. 胶水			瓶	1
24. 资产负债表			张	1
25. 利润表			张	1

三、实训组织方式及流程

（一）以小组形式组建企业的会计部门

1. 小组人数

每小组可设 5 ～ 7 人，按“表 1-2 会计部门核算岗位设置与职责”的内容模拟组建一个企业实际工作中的会计部门。

2. 人员定岗

按照职责内容完成小组成员的分工，即完成定岗任务。

表 1-2 会计部门核算岗位设置与职责

岗位名称	岗位职责
出纳员 （1 人）	① 办理货币资金收、付业务，在涉及出纳业务的凭证上签字 ② 签发支票 ③ 填制涉及库存现金和银行存款业务的记账凭证 ④ 登记库存现金和银行存款日记账 ⑤ 收集整理货币资金收付单据
采购与生产业务核算员 （1 ～ 2 人）	① 收集与采购、生产业务相关的原始单据并对其进行审核 ② 填制与采购、生产业务相关的记账凭证 ③ 登记在途物资、原材料、周转材料、库存商品、生产成本、制造费用等账户的明细账
其他业务、资产核算员 （1 ～ 2 人）	① 收集资产变动等其他业务原始单据并对其进行审核 ② 填制上述业务的记账凭证 ③ 登记债权、债务及其他账户的明细账
主办会计 （1 人）	① 审核原始凭证与记账凭证 ② 登记总账 ③ 整理、保管记账凭证，并对记账凭证编号 ④ 组织核对账目与财产清查 ⑤ 协助会计主管编制会计报告
会计主管 （财务负责人，1 人）	① 分配、协调、检查全组工作 ② 编制会计报表（至少编制资产负债表、利润表） ③ 编制与管理财务计划 ④ 组织整理与装订会计凭证

3. 登记职责

把岗位职责分工结果填至“表 1-3 会计学原理模拟实训岗位分工及成绩考核表”中的相关栏目内。

（二）实训流程

1. 学习会计基础法规并填写完成岗位分工及成绩考核表

各模拟会计部门自主学习本教程附录所附的有关会计基础法规，并在小组内进行互相讲解和提问。

2. 选取相关实训选择项并填写表 1-3

（1）账务处理程序种类的选择

各单位采用何种账务处理程序，由各实训单位自主选用或设计。我国企业会计采用的账务处理程序通常有三种：记账凭证账务处理程序、汇总记账凭证账务处理程序及科目汇总表账务处理程序。

各模拟会计部门可在上述账务处理程序种类中选择其一来进行会计业务核算。

（2）记账凭证种类的选择

各模拟会计部门在进行业务核算时，可选取通用记账凭证，也可选用专用记账凭证。

（3）费用明细账账页格式的选择

各模拟会计部门可选用三栏式账页格式或多栏式账页格式登记费用明细账。

（4）其他会计政策的选择

① 各实训小组应在学习、了解模拟单位财务制度基础上正确选择存货发出计价方法。如仅完成“会计学原理”学习而尚未深入掌握存货发出计价与明细账登记方法的情况下，建议

表 1-3 会计学原理模拟实训岗位分工及成绩考核表

实训时间： 实训地点： 班级： 组号：

实训选择项选取

名称	选取的种类	要求
1. 账务处理程序		
2. 记账凭证		
3. 费用明细账格式		
4. 其他会计政策	① ② ③	

岗位分工及成绩考核

岗位分工			成绩考核					
岗位设置	学号	姓名	会计基础工作规范（35%）	核算正确性（35%）	团队协作（10%）	会计报表质量（20%）	小组成绩	个人成绩
1. 出纳员								
2. 采购与生产业务核算员								
3. 其他业务、资产核算员								
4. 主办会计								
5. 会计主管								

指导老师：

实训完毕验收核对会计资料

账务处理程序	
记账凭证选用	
费用明细账格式	

各模拟会计部门对原材料的发出成本核算采用先进先出法，对库存商品发出成本核算采用月末一次加权平均法。

② 各实训小组应在学习、了解模拟单位财务制度基础上正确选择坏账准备计提方法。如仅完成“会计学原理”学习而尚未深入掌握坏账准备与明细账登记方法的情况下，建议只对应收账款采用余额百分比法计提减值准备。

③ 其他会计政策可参照本教材第二章的企业财务管理制度的具体有关规定来进行正确选用。

（5）登记选取的结果

把以上相关项目种类选取的结果填至表 1-3 中的“实训选择项选取”的有关栏目内。

3. 会计核算实训

（1）期初建账

根据模拟实训资料所提供的相关内容，设置相应的会计科目，并在此基础上开设总分类账户、明细分类账户、库存现金日记账和银行存款日记账。

（2）登记期初数

根据所设置的总分类账户、明细分类账户、库存现金日记账和银行存款日记账等相关账户，将期初余额记入总分类账户、明细分类账户、日记账等账簿余额栏内，摘要栏内填写“期初余额”。

（3）填制和审核原始凭证

根据提供的资料逐笔审核原始凭证或原始凭证汇总表，需填制的原始凭证或原始凭证汇总表根据资料进行填列。

（4）编制记账凭证

根据审核无误的原始凭证或原始凭证汇总表，编制记账凭证，并将原始凭证附在有关的记账凭证之后。

（5）登记账簿

根据记账凭证及部分原始凭证登记明细分类账、日记账，根据记账凭证、汇总记账凭证或科目汇总表登记总分类账，并进行对账及结账。

（6）编制会计报表

根据总分类账、明细分类账编制会计报表。

4. 实训资料整理与总结交流

（1）整理资料

整理原始凭证、记账凭证及凭证汇总表，将其装订成册；整理总账、明细账及日记账，将明细账装订成册；撰写本实训课程的实验报告，其格式见表 1-4。

（2）交流分享

① 会计报表的组成及原因思考：从会计信息使用者、会计信息质量要求等角度考虑问题。

② 会计核算组织程序的比较及应用选择：从企业经营流程与管理需求对会计工作的要求角度思考。

③ 会计核算方法体系的组成。

④ 会计基础工作规范在电算化时代的具体运用。

⑤ 会计信息满足不同使用者信息需求的会计报表内容与组成。

可以从以下几个方面进行思考：企业内部管理；国家与宏观管理；资本市场与会计信息潜在使用者；会计法规与会计准则；经济发展、时代变迁、资本市场要求、公司治理结构改变等对会计准则的影响。

5. 资料上交

实训完成后，上交全套实训账、证、表、考核表及个人实训报告。

6. 实训成绩考核评判

具体实训成绩评价标准见表 1-3，并将实训成绩结果填至表 1-3 相应栏目内。

表 1-4　会计学原理模拟实训报告格式

会计学原理模拟实训报告

系别专业：

实验课程：

指导教师：

学生姓名：

年级班级：

学　　号：

续表

实验名称	
实验角色	
实验时间、地点	
实验目的及要求	
实验内容及操作流程	
实验结果及结论	

续表

实验心得

第二章

实训企业基础资料

一、实训企业基本情况

企业名称：成都国通电动自行车有限公司。❶

企业类型：有限责任公司。

法人代表：王远飞。

注册资本：玖仟万元整。

公司地址：成都市高新区天骄路 121 号。

主营产品：外购零部件，以流水线方式，组装 GT-01 型电动自行车、GT-02 型电动自行车。

纳税人性质：一般纳税人，税务登记号：510109632764552。

开户银行：中国工商银行天骄支行，账号：6222020120010001095。

会计期间：20×4 年 1 月 1 日至 20×4 年 12 月 31 日；模拟实训业务期间为 20×4 年 1 月 1 日至 20×4 年 1 月 31 日。

相关税率：增值税税率 13%，所得税税率 25%，城市维护建设税按本月应交增值税的 7% 交纳，教育费附加按本月应交增值税的 3% 交纳。

相关证件如图 2-1 和图 2-2 所示。

二、实训企业工艺流程

本公司产品类别主要分为 GT-01 型电动自行车、GT-02 型电动自行车两类。

其中，生产 GT-01 型电动自行车的原材料套件包括：

车把组件（含显示面板、调速转把、灯架、闸把、车把、车篮、车闸刹线、喇叭）、电器组件（含 36V350W 控制器、电机、36V12AH 充电器）、蓄电池（型号 24V8AH）、维修工具包（含开口扳手、钳子、六角扳手、工具袋）、螺丝钉（含 15mm 螺丝钉、20mm 螺丝钉）。

生产 GT-02 型电动自行车的原材料套件包括：

车把组件（含显示面板、调速转把、灯架、闸把、车把、车篮、车闸刹线、喇叭）、电器组件（含 48V500W 控制器、电机、48V20AH 充电器）、蓄电池（型号 36V12AH）、维修工具包（含开口扳手、钳子、六角扳手、工具袋）、螺丝钉（含 15mm 螺丝钉、20mm 螺丝钉）。

---

❶ 为了满足学生学习需要，确保教学效果，本书中的公司名称、法人代表、公司情况及相应的票证单据等均是仿照真实场景虚拟设置的。

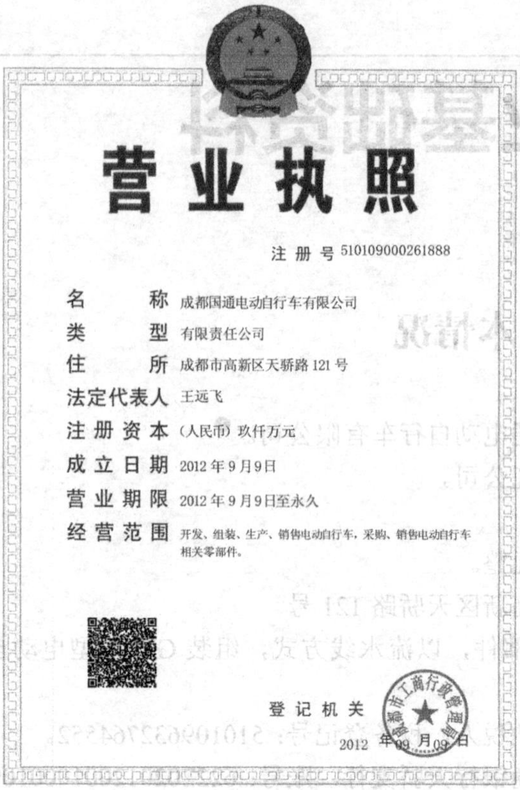

营 业 执 照

注 册 号 510109000261888

名 称 成都国通电动自行车有限公司
类 型 有限责任公司
住 所 成都市高新区天骄路121号
法定代表人 王远飞
注 册 资 本 (人民币)玖仟万元
成 立 日 期 2012年9月9日
营 业 期 限 2012年9月9日至永久
经 营 范 围 开发、组装、生产、销售电动自行车，采购、销售电动自行车相关零部件。

登 记 机 关
2012年09月09日

图 2-1 营业执照正本

营 业 执 照
(副 本)
注 册 号 510109000261888

名 称 成都国通电动自行车有限公司
类 型 有限责任公司
住 所 成都市高新区天骄路121号
法定代表人 王远飞
注 册 资 本 (人民币)玖仟万元
成 立 日 期 2012年9月9日
营 业 期 限 2012年9月9日至永久
经 营 范 围 开发、组装、生产、销售电动自行车，采购、销售电动自行车相关零部件。

登 记 机 关
2012 09 月 09

图 2-2 营业执照副本

电动自行车总装工艺流程图如图 2-3 所示。

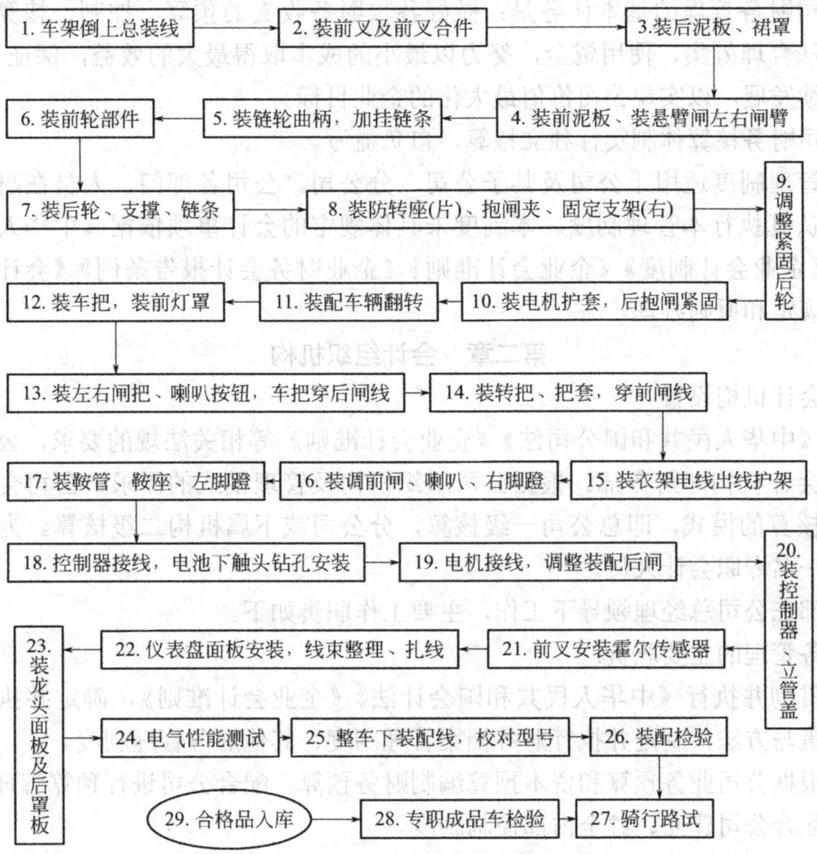

图 2-3 电动自行车总装工艺流程图

三、实训企业财务管理制度

成都国通电动自行车有限公司财务管理制度如下。

成都国通电动自行车有限公司
财务管理制度

第一章 总则

1. 为加强成都国通电动自行车有限公司（以下简称“公司”）财务管理和经济核算，建立现代企业制度，建立健全财务管理体系，根据《中华人民共和国会计法》《企业会计制度》《企业会计准则》和国家有关法律、法规，结合公司特点和管理要求，特制定本制度。

2. 公司按照国家有关规定办理工商登记、领取营业执照、办理税务登记，依法纳税，合法经营，主动接受财税部门对本公司的监督。

3. 公司财务管理的基本任务是：做好各项财务收支的预算、控制、核算、分析和考核，依法合理筹集、使用资金，努力以最小的成本取得最大的效益，保证公司健康、稳定、持续发展，以实现公司价值最大化的企业目标。

4. 公司财务核算体制实行独立核算，自负盈亏。

5. 本管理制度适用于公司及其子公司、分公司。公司各部门、人员在财务会计工作中必须认真执行本管理制度。本制度未具体规定的会计事项依据《中华人民共和国会计法》《企业会计制度》《企业会计准则》《企业财务会计报告条例》《会计基础工作规范》的规定和原则办理。

第二章　会计组织机构

一、会计机构设置

根据《中华人民共和国公司法》《企业会计准则》等相关法规的要求，公司必须设置单独的会计机构即财务部。根据公司组织机构及管理模式的需求，公司会计核算应采用二级核算的模式，即总公司一级核算，分公司或下属机构二级核算。为此财务部应配备若干名专职会计人员。

财务部在公司总经理领导下工作，主要工作职责如下。

1. 财务管理的主要职责：

（1）贯彻并执行《中华人民共和国会计法》《企业会计准则》，确定并执行公司财务核算政策与方法，制定并执行财务档案管理制度、其他财务管理制度。

（2）根据公司业务预算和资本预算编制财务预算，配合公司进行预算管理。

（3）配合公司建立、健全内部控制制度。

（4）定期编制并向公司决策层提供财务分析报告。

2. 会计核算的主要职责：

（1）负责公司的会计核算工作；负责编制相关的往来款等报表。

（2）协助公司有关部门核对实物与会计账簿记录。

（3）负责财务核算账套的系统管理、权限管理。

（4）编制公司财务报表和内部管理报表。

（5）根据公司制定的业绩考核指标，编制和提供财务数据。

（6）定期向主管领导及业务部门领导报告财务报表、费用报表、往来款报表及其他核算报表。

3. 税务管理的主要职责：

（1）负责公司纳税申报、缴纳税款及公司各部门的日常税务咨询。

（2）负责公司个人所得税纳税申报及税款缴纳的工作。

（3）负责一般纳税人年检及填报各种税务调查表。

（4）负责公司发票的管理。

（5）负责公司减免税等涉税审批事项的资料整理与报送。

4. 财务档案管理的主要职责：

（1）负责公司财务档案的安全与完整。

（2）协助信息管理部门管理财务数据信息及维护财务数据信息的安全和完整。

二、会计岗位及职责说明

1. 财务部由财务经理、会计和出纳组成。

2. 财务经理领导财务部的工作，在总经理领导下主持公司的财务工作。

3. 财务经理的主要职责：

（1）主持财务部的工作，领导财务人员实行岗位责任制，切实地完成各项会计业务工作。

（2）执行总经理有关财务工作的决定，控制和降低公司的经营成本，审核监督资金的动用及经营效益，按月、季、年度向总经理提交财务分析报告。

（3）负责公司资金使用计划的审批、报批和银行借款、还款工作。

（4）编制各种会计报表，主持公司的财产清查工作。

（5）参与公司新项目、重大投资、重要经济合同的可行性研究。

（6）对公司和子公司的财务状况进行监督。

（7）负责财务部人员的考核。

4. 会计的主要工作职责：

（1）按照国家会计制度的规定，记账、复账、报账做到手续完备，数字准确，账目清楚，按期报账。

（2）按照经济核算原则，定期检查，分析公司财务、成本和利润的执行情况，挖掘增收节支潜力，考核资金使用效果，及时提出合理化建议，当好公司参谋。

（3）妥善保管会计凭证、会计账簿、会计报表和其他会计资料。

（4）完成财务经理交付的其他工作。

5. 出纳的主要工作职责：

（1）认真执行现金管理制度。

（2）严格执行库存现金限额，超过部分必须及时送存银行，不坐支现金，不认白条抵押现金。

（3）建立健全现金出纳各种账目，严格审核现金收付凭证。

（4）严格支票管理制度，编制支票使用手续，使用支票须经总经理签字后，方可生效。

（5）积极配合银行做好对账、报账工作。

（6）配合会计做好各种账务处理。

（7）完成财务经理交付的其他工作。

6. 各级领导必须切实保障财会人员依法行使职权和履行职责。

7. 财会人员在办理会计事务中，必须坚持原则，照章办事。对于违反财经纪律和财务制度的事项，必须拒绝付款、拒绝报销或拒绝执行，并及时向总经理报告。公司支持财务人员坚持原则，按财务制度办事。

8. 财会人员力求稳定，不随便调动。

财会人员调动工作或因故离职，必须与接替人员办理交接手续，没有办清交接手续的，不得离职，亦不得中断会计工作。

移交交接包括移交人经管的会计凭证、报表、账目、款项、公章、实物及未了事项等。移交交接必须监交。企业一般财会人员的交接，由财务总监会同财务经理进行监交；财务经理的交接，由总经理会同财务总监进行监交。

三、处罚办法

1. 出现下列情况之一的，对财务人员予以警告并扣发本人月薪的1～3倍：

（1）超出规定范围、限额使用现金的或超出核定的库存现金金额留存现金的。

（2）用不符合财务会计制度规定的凭证顶替银行存款或库存现金的。

（3）未经批准，擅自挪用或借用他人资金(包括现金)或支付款项的。

（4）利用账户替其他单位或个人套取现金的。

（5）未经批准坐支或未按批准的坐支范围和限额坐支现金的。

（6）保留账外款项或将公司款项以财务人员个人储蓄方式存入银行的。

（7）违反本规定条款认定应予处罚的。

2. 出现下列情况之一的，财务人员应予解聘：

（1）违反财务制度，造成财务工作严重混乱的。

（2）拒绝提供或提供虚假的会计凭证、账表、文件资料的。

（3）伪造、变造、谎报、毁灭、隐匿会计凭证和会计账簿的。

（4）利用职务便利，非法占有或虚报冒领、骗取公司财物的。

（5）弄虚作假、营私舞弊、非法谋私、泄露秘密及贪污挪用公司款项的。

（6）在工作范围内发生严重失误或者由于玩忽职守致使公司利益遭受损失的。

（7）有其他渎职行为和严重错误，应当予以辞退的。

第三章　货币资金管理

一、目的

为正确及时反映货币资金的增减变动和结存情况，严格执行国家关于货币资金的管理制度和财经法规，保障公司货币资金的安全、完整，提高资金的周转速度和使用效率，及时提供合法、真实、准确、完整的财务信息。

二、货币资金管理原则

1. 货币资金的取得必须来源于国家允许的合法渠道。

2. 所有货币资金收支必须取得国家规定的合法票据。

3. 所有货币资金须及时、全额入账，做到日清月结，并保证账实相符。

4. 不得以白条冲抵货币资金，不得挤占、挪用、侵吞公司的款项。

5. 所有借款必须坚持“因公借款”和“前账不清后账不立”的原则。

6. 保持货币资金的最佳持有量，以减少货币资金的持有成本。

7. 形成严密的内部牵制制度，保障货币资金的安全与完整。

三、现金管理

1. 使用范围：

（1）支付职工工资、奖金及各种津贴。

（2）支付个人劳务报酬。

（3）根据国家规定颁发给个人的科学技术、文化艺术、体育等各项奖金。

（4）与个人合作的技术协作费。

（5）支付各种劳保、福利费以及国家规定对个人的其他支出。

（6）因公出差必须随身携带的差旅费。

（7）结算起点（2000 元）以下的零星开支，特殊情况需支付结算起点以上的现金，需按公司规定的审批权限办理。

（8）其他必须支付现金的其他支出。

2. 实行库存现金限额管理制度。

3. 现金收入要及时全额入账，并于当日或最迟下一个工作日送存开户银行，不得坐支现金。

4. 坚持现金盘点制度。每日下班前现金出纳必须进行现金盘点，并与现金日记账余额进行核对，不允许白条抵库，发现差异及时查明原因予以解决。

5. 现金管理的其他规定：

（1）现金必须保管在保险柜内。

（2）不允许编造用途套取现金。

（3）不允许法人单位之间相互借用现金。

（4）不允许利用账户替其他单位和个人套取现金。

（5）不允许将单位的现金收入按个人储蓄方式存入银行。

（6）建立内控制度，财务负责人要定期（每周 1 次）或不定期地对库存现金进行检查，以保证现金的安全与完整。

（7）建立严密的内部牵制制度，保证账款分开，现金出纳和记账人员职责严格分开。

四、银行存款管理

1. 银行账户管理。

（1）公司的银行账户的管理统一由财务部管理，财务部负责银行账户的开立、使用、清理和关闭，公司其他任何部门无权行使对银行账户的管理工作。

（2）银行账户由财务部按照《支付结算办法》的规定，结合公司管理、业务需要，在银行开设基本账户（指可以支取现金的账户）和结算账户（只允许进行银行转账，不得提取现金的账户），其他部门无权独立开立任何账户。

（3）依法开立和使用账户，不得出租、出借或超范围使用账户。

（4）对于无须用的银行账户，财务部应及时进行清理，并根据业务需要，对在用的银行账户进行日常监管。

（5）原则上只允许开立一个基本账户和一个结算账户，如需要开立多个银行账户时，需上报公司财务部。

2. 银行印鉴管理。

（1）公司的银行预留印鉴应分别由两名财务人员保管和使用。

（2）不准在票据上提前加盖银行印鉴，只有出具票据时才允许加盖所有银行印鉴。

（3）财务专用章的使用范围为：公司财务部出具的有关财务事项的说明、证明、往来款的划转、票据、发票、收据及报表，严禁超范围使用财务专用章。

3. 银行结算管理。

（1）银行结算的日常种类包括：支票、银行汇票、银行本票、信用卡、汇兑、委托收款、信用证等，各地凡启用一种新的结算方式的，应进行使用流程的梳理以及制定相应管理原则，再行使用。

（2）公司原则上不收取任何单位的商业承兑汇票。

（3）支票使用有关规定。

① 请购支票要结合业务需要合理确定数量。

② 对外签发支票，必须填列用途、日期、金额或限额，小写金额前加封￥（关税除外），不准签发远期支票，并且印鉴和字迹一定要清晰完整。

③ 万元以上的支票必须填写收款单位的全称。

④ 请领支票，需在“支票登记簿”中顺序登记，并由经办人在票根、支票簿上签字；应妥善保管作废支票，不得遗失或丢弃。

⑤ 对外签发未用或过期退回的支票，必须加盖“作废”戳记，“作废”戳记应加盖在“金额”栏上，覆盖“金额”栏，并且在支票右上角剪角。

⑥ 银行印鉴和未用支票不得同放在一处，必须分开保管。

（4）按时取得“银行对账单”，与银行存款账面金额进行核对，并按月编制“银行存款余额调节表”，使双方调节一致，如出现调节不符，应及时查找原因，予以解决。财务经理应定期、不定期检查银行存款调节情况，对不严格执行对账的按规定处罚。

（5）财务负责人对空白支票、“银行存款余额调节表”、“银行对账单”等进行定期或不定期核查，以保证银行存款的安全与完整。

（6）对于银行退票要建立“备查簿”，记录银行退回的支票、汇票。并及时通知有关人员进行催收，对因换票不及时造成的经济损失，由经办人承担。

（7）对于收到的支票、汇票等票据，经办人应及时交到财务部，财务部对收取的支票、汇票等银行票据，必须按照《中华人民共和国票据法》的规定审查其有效性，财务部应及时填写“银行进账单”，于当日或次日送存银行，并及时进行入账处理。

（8）对于收到非合法票据及有效性有误的票据，业务人员应负责退换。

（9）收到背书转让的银行票据，应由背书方提供身份证或其他银行要求的证明，并正确填写背书、签字或盖章，由财务部办理交存手续。

4. 票据时效性的有关规定。

（1）票据的有效期：支票10日内有效、银行汇票30日内有效、银行承兑汇票90日内有效。

（2）未使用的支票，应在借出后有效期内退还财务部。如已超过有效期，也应退还财务部，以便做“作废”处理。

（3）不准签发、取得和转让没有真实交易和债权债务的票据，套取银行和他人资金。

（4）签发的银行票据应在票面规定的有效期内使用。

5. 借款报销管理。

所有借款需详细填写“借款单”，写明借款人、原因、付款形式、金额或限额，经主管领导签字并经财务审核后方可办理，内容不全或未经签字审批的，财务部不予以办理。

第四章　往来账管理

一、目的

为正确及时反映结算资金的增减变动和结存情况，严格执行国家关于结算资金的管理制度和财经法规，保障公司结算资金的安全、完整，提高资金的周转速度和使用效率，及时提供合法、真实、准确、完整的财务信息。

二、往来账款内容

往来账款包括应收账款、预收账款、应付账款、预付账款、其他应收款、其他应付款。

三、应收账款管理

1. 应收账款按客户、合同进行管理，每笔收款都应按合同进行核销。

2. 应收账款的管理由财务部负责，并负责客户的信用管理及欠款催收。

3. 财务部按照应收账款客户明细进行核算，定期与客户进行应收账款的对账工作。

4. 经办人离职或调职时，必须办理应收账款账目的移交手续，由部门经理组织财务部进行联合会签，直属部门经理应负责用户实地监交，若移交不清，接收人可拒绝接受呆账（须于交接日期起 5 日内提出书面报告），否则就应承担移交后的责任。

5. 应收账款原则上要求通过银行结算，个别金额不大者可采取现金收款方式，但经手人应在收到货款 3 日内上交公司财务部，否则按挪用公款处理。

6. 建立坏账准备金制度。年度终了，预计各项应收账款收回的可能性，对预计可能发生的坏账损失，计提坏账准备。

7. 应收账款按照余额百分比法计提坏账准备，计提比例为 0.5%。

四、预收账款管理

1. 财务部对预收账款按客户、合同进行明细核算，并逐笔核销。

2. 财务部定期与客户进行预收账款的核对工作。

五、应付账款管理

1. 应付账款的结算除小额、零星采购以外，一律通过银行结算方式进行支付。

2. 应付账款按合作方、合同进行管理，每笔付款都应按合同进行核销。

3. 经办人负责对应付账款明细的跟踪与核对。

4. 财务部按照供应商明细进行应付账款核算，并定期进行应付账款的对账工作。

5. 经办人离职或调职时，必须办理移交手续，其中应付款账目明细必须由部门经理组织财务部进行联合会签，部门经理应负责员工实地监交，若移交不清，接收人可拒绝接受（须于交接日期起 5 日内提出书面报告），否则就应承担移交后的责任。

六、其他应收账款管理原则

1. 财务对其他应收账款按单位、职员进行明细核算，逐笔核销。

2. 财务部应定期核对其他应收账款账务往来。

七、其他应付账款管理原则

1. 公司发生的其他各种应付、暂收其他单位或个人的款项应按单位或者个人进行明细核算，逐笔核销。

2. 财务部应定期核对其他应付账款账务往来。

第五章　存货管理

一、目的

为保证生产流程所需的材料供需顺利，满足各个销售通路对产品需求的供应，降低存货释放更多的流动资金，获得安全存量以免意外事件的发生。

二、管理原则

1. 存货包括原材料、低值易耗品、周转材料、在产品、半成品、产成品等。

2. 存货购进按实际成本计价；原材料发出计价采用先进先出法；库存商品发出计价采用全月一次加权平均法。

原材料的购入价格包括买价、装卸费、包装费、运输途中的损耗、入库前的挑选费、市外运输费、保险费以及缴纳的税等。

3. 月末生产费用在完工产品与在产品间分配的方法：在产品成本按所耗用的原料费用计算。第一步工序在产品占40%，第二步工序在产品占30%，第三步工序在产品占30%。

4. 关于原材料损耗的规定：

（1）单件产品原材料领用中的合理损耗率为0.3%，属于自然损耗产生的定额内合理损耗，经批准后转作管理费用。属于超定额毁损，能确定过失人的应由过失人负责赔偿；确定为供应商责任范围的，应向供应商索赔，扣除过失人或供应商赔款和残料价值后，计入管理费用。属于非正常损失造成的毁损，扣除残料价值后，计入营业外支出。

（2）损毁原材料单位成本按期初单位成本计算。

三、材料入库管理

1. 采购人员采购的原材料质量、性能达到（或超过）公司质量要求，且价格低于公司核定的计划价，公司将按节约总额的一定比例给予奖励；如果采购原材料价格高于公司核定的计划价，公司不支付超额部分的货款；如果违反公司采购程序擅自采购，由采购人员承担由此造成的一切经济损失。

2. 采购部采购材料送达公司后，须按原材料入库的流程经质检部检验（化验）合格后才能到原材料库办理入库手续。

3. 原材料仓库管理员须按原材料入库流程办理原材料入库手续，要查验发票所载供货单位名称、原材料名称、规格型号、单价、数量等与采购申请单、实物是否相符，是否有供应商的产品合格证、生产批号等。仓库管理员违反原材料入库流程需承担由此造成的经济损失。

4. 材料入库单一式四联，一联留存作为仓库部门记账凭证，一联随发票及采购单等经总经理审批后到财务部处理账务，一联为统计联，一联为供货方证明。

5. 对于货已到而发票未到的材料，仓库部门可以根据检验单据办理临时入库，做好入库材料台账登记工作，填制一式三联估价入库单，仓库留存一联据以入账，一联送交财务处理账务，月初用红字入库单冲回估价入库，待发票到达时填制正式入库单。

6. 存货盘点，最少在年中、年末进行两次全面财产清查，对盘盈、盘亏或报废的存货要分类填制盘盈盘亏表。对于出现盘盈、盘亏的材料物资要及时查明原因，经总经理批准处理并及时调整账务，以保证账实相符；对于盘亏、毁损物资能查明原因的由当事人负责赔偿。

四、材料出库管理

1. 生产部门根据生产计划和预算用料开具领料单，领料单填制内容要全面、真实、准确，领料单用途要根据生产计划填清产品批号，作为归集成本费用的依据，领料单一式四联，车间统计一联，财务两联，仓库一联，超出预算或计划外的用料由公司分管领导签批，月底统一报总经理审批。非生产性的用料属售后服务的由安装服务部提出申请，属市场营销的由营销部提出申请，须经公司分管领导签字，仓库方可发货。

2. 月末车间根据材料领料单由统计人员编制材料消耗汇总表，仓库部门编制材料出库汇总表，车间、仓库与财务管理部门要对账并核对相符。

五、产成品入库管理

车间产成品生产完毕，要会同仓库、质检部门填制检验合格单，仓库据此填制产成品入库单，产成品入库单一式三联（注明生产批号）；一联用作仓库记账，一联送交财务，一联送车间作为核算工资等各项考核指标的依据。

六、产成品出库管理

1. 产品出库流程：销售部门填写提货申请单（负责人签字）→营销部领导签字审批→财务部盖章核准，物流部凭提货申请单开具出库单，仓储部凭出库单方能发货。

2. 审批权限：营销部根据销售部门的销售合同或订单签批，在申请单上注明合同（或订单）编号；财务部根据收货单位付货款情况或公司分管领导签批同意核准盖章。

3. 出库单填写要求：提货申请单编号，收货单位全称、地址、联系人姓名、联系电话，产品名称、型号、规格、计量单位、数量，承运人单位名称、车牌号、行驶证号，物流费用和结算方式，承运人签名。请承运人拿回收货单位签名回执。

七、仓储管理

1. 仓储部要做到见单付货，及时登记有关账簿，设立材料和产成品收、发、存明细账或暂收货台账，严禁白条顶库现象。

2. 月末在产品和自制半成品的管理。月末生产部和车间统计员要做好在产品和自制半成品的盘点、登记工作，及时编制、报送盘点登记表，确保月末成本核算的真实性和准确性。

3. 凡大宗原材料都要签订购销合同，使用票据结算，各种材料采购验收入库后，不论是否付款，都要在入库时填制入库单，将发票或入库单交财务处理账务，以便真实反映各项债权债务，以避免发生账外资产。

八、低值易耗品管理

1. 低值易耗品，一律采用一次摊销法计入成本费用。

2. 对于能多次周转使用或长期使用的低值易耗品，如办公用品（桌、椅、档案橱、电脑及其配件、打印机及其耗材、电话安装及话机等）、各种工具（生产、安装、维护等工具），必须由使用部门提出申请，公司分管领导审核，总经理批准才能采购。办公用品由行政管理中心统一管理，采取先调配再采购的原则，任何部门不得自行购买，任何人、任何部门不得超标准领用办公用品。各种工具根据工作需要配备，由生产管理中心统一管理，使用人提出申请，分管领导审批。采用先调配再采购的原则。

3. 为低值易耗品建立档案，部门使用的由部门负责人负责管理，工作异动时办理交接手续，非正常消耗或遗失的要按价赔偿；个人使用的由个人自行负责，工作异动时办理归还手续，非正常消耗或遗失的要按价赔偿。

九、产成品退货、返修的管理

1. 退货管理流程：客户、代理商或销售部门填写“退货申请单”（负责人签字，说明退货理由及数量）→经营销部领导审批后根据审批意见回传给客户、代理商或销售部门→自行寻找物流退回公司厂部不合格品库→营销部提交“退货申请单”由公司质检确认→仓库签收→由仓库填写“退货单”→营销部凭仓库签收退货单做产品“退货清单”回传客户签字确认后连同仓库签收退货单提交财务冲销。

2. 返修管理：前期执行上述退货管理流程，后期执行出库管理流程。

十、包装物的管理

包装物视同原材料的管理制度执行。

十一、委托加工物资的管理

1. 公司设置“委托加工物资”会计科目核算委外加工材料的材料成本、加工费、运费、装卸费等实际成本费用。

2. 企业需外出加工材料时，必须办理有关出入库手续，由业务经办人员到财务管理部开具外出加工材料通知单。通知单一式三联，财务一联、仓库一联据以发货，受托单位一联。财务、仓库、供应设立专账，月底核对。

3. 业务经办人员到受托单位后，应将外出加工材料通知单交由受托单位签收后带回财务管理部。

4. 外出材料加工完毕后，由业务经办人持发票到检验部门检验后由仓库部门办理委托加工材料验收入库手续，然后持有关单据到财务管理部门办理报账及核销事宜。

5. 委托加工物资的买价加工费、运费以及有关税金等计入委托加工物资成本，按实际收回数量，重新计算入库单价。

6. 委托加工物资原则上要与受托单位签订委托加工合同（协议）以明确价格、质量、交期等责任。

第六章　固定资产管理

一、目的

为正确及时反映固定资产的增减变动和结存情况，严格执行国家关于固定资产的管理制度和财经法规，规范公司固定资产的日常管理，保证固定资产实物的安全、完整，及时提供合法、真实、准确、完整的财务信息。

二、管理原则

1. 固定资产的增置、减少、折旧的计算及日常管理需严格遵守该制度的规定。

2. 固定资产增置原则。

（1）各部门应在财年初编制固定资产增置预算，严格按预算增置。

（2）预算内增置固定资产需根据预算编制采购计划，由财务部批准后，由公司实施采购。

（3）预算外增置固定资产，应先追加预算，逐级审批。追加预算后的采购视同预算内采购。

3. 固定资产的日常管理遵循“统一规划，归口管理，谁使用、谁负责”的原则。

4. 固定资产盘亏处理原则。

（1）由于不可抗因素（战争、火灾、台风、地震等突发事件）造成的盘亏，由固定资产使用部门承担损失。

（2）由于客观原因造成盘亏，而且个人负有不可推卸的责任，应根据责任大小进行处理。

（3）完全由于个人管理不善造成资产盘亏，原则上由责任人按净值赔偿。

5. 固定资产报废原则。

（1）固定资产因损坏不能修复或性能达不到规定标准而失去使用价值的。

（2）由行政部及其他专业管理部门确认，已提足折旧或净值为零的固定资产。

三、固定资产入账价值

1. 公司外购的固定资产，按实际支付的买价或售出单位的账面净值（扣除原安装成本）加支付的运杂费、包装费、关税和安装成本入账。

2. 自行建造、开发研制的固定资产，按建造、开发研制过程中实际发生的全部支出入账。

3. 其他单位投资转入的固定资产，以合同、协议约定的价值或评估确认的价值入账。

4. 在原有固定资产基础上进行改扩建、升级，按原有固定资产账面价值，减去改扩建、升级过程中发生的变价收入，加上由于改扩建、升级而增加的支出入账。

5. 接受捐赠的固定资产，按同类资产的市值或捐赠者提供的有关凭证，加上接受固定资产时发生的各项费用入账。

6. 盘盈的固定资产，按市场价格和新旧程度入账。

7. 已投入使用但尚未办理结算手续的固定资产，可先按估计价值记账，待确定实际价值后再予以调整。

四、固定资产折旧管理

1. 计提范围。

（1）公司在用的固定资产均应计提折旧。

（2）不提折旧的固定资产包括：不需用固定资产，房屋除外；已提足折旧继续使用的固定资产；未提足折旧提前报废的固定资产；国家规定不提折旧的固定资产（如土地）。

（3）当月增加的固定资产，当月不提折旧，从下月起计提折旧；当月减少的固定资产，当月照提折旧，从下月起不提折旧。

2. 折旧方法。

（1）房屋及建筑物及其他为20×2年12月份开始使用。

（2）房屋及建筑物按20年折旧，其他按10年折旧。

（3）折旧方法为年限平均法，残值率10%。

五、固定资产日常管理

1. 管理职责。

（1）财务部负责公司固定资产核算管理体系的建设及规范、年度固定资产规模的控制、固定资产预算审核、按固定资产的类别每月计提折旧、固定资产的保险工作。

（2）行政部负责固定资产实物管理体系的日常执行和日常管理工作。

（3）各部门应指定专人作为资产管理员，负责协助行政部进行固定资产的日常管理。

2. 资产使用者应正确使用并维护资产，保证使用过程中资产的完好性。

3. 为使固定资产充分发挥其使用价值，各部门应及时将本部门固定资产的闲置状况报各平台资产管理部门，由其进行合理调配。

4. 员工内部调动，如将其资产一同带到新部门，要办资产转移手续；如仍留在原部门，只需变动所属使用人。

5. 员工调离公司，其使用资产计入新使用人名下。

6. 公司每年要进行一到两次固定资产的清查盘点工作。各部门要根据谁使用、谁负责的原则，配合财务部和行政部，对责任范围内的资产进行清点。由行政部出示盘点报告，对盘盈、盘亏的资产进行说明，根据审批权限进行审批，并作相应账务处理。

六、固定资产减少的管理

1. 对外捐赠管理。

（1）对外捐赠分公益救济性和非公益救济性两种。

（2）公司对外捐赠固定资产，须由财务总监审核后，交公司总经理审批。

2. 对外投资管理。

（1）公司对外投资固定资产，须先经财务部门审核，由总经理审批。

（2）公司对外投资的固定资产，财务应根据双方认可的公允价值确定投资成本。

3. 报废管理。

（1）固定资产的报废分为正常报废和非正常报废。

（2）固定资产报废由使用人提出申请，相关部门进行检测确实达到报废标准的，经相关主管领导审核，总经理批准后（净资产账面价值累计超过公司净资产总额10%的，须经董事会审批），报财务部核销。报废资产由财务部、行政部共同监督变卖或者销毁，变卖收入上缴财务部做营业外收入处理。

4. 对外销售管理。

（1）对于长期闲置在公司范围内无法使用的固定资产，可进行销售处理。由固定资产管理部门结合资产的账面价值确定其销售价格。

（2）对于符合报废条件，且有外销价值的资产，由各部向行政部提交销售申请报告，经行政总监和财务总监、总经理审批后，由行政部负责销售处理，销售时行政部与财务部共同清点实物，变卖收入上缴财务部做营业外收入处理。

5. 盘亏管理。

盘亏资产估价，由固定资产管理部门负责，参照资产购置价值的同时，考虑资产已使用年限、折旧。

第七章　无形资产管理

一、目的

为规范公司无形资产管理，对公司在经营无形资产过程中实施有效的监督和调控，提高无形资产的经济效益与社会效益，实现无形资产的保值和增值，防止无形资产流失。

二、无形资产管理

1. 无形资产应具备的条件。

（1）该资产为企业获得经济利益发挥作用，以及发挥这种作用的能力能够被证实。

（2）取得该资产的成本能够可靠地计量。

2. 无形资产包括专利权、商标权、非专利技术、土地使用权、著作权、特许经营权、专有技术、商誉和域名。

3. 无形资产入账价值。

（1）公司购买另一个企业时，形成的商誉是以公司支付的价款扣除被收购企业可辨认资产的公允价值减去负债后的余额入账。

（2）从外部取得的，以取得时的总支出入账。

（3）以出让方式单独取得的土地使用权的成本，以土地出让合同约定支付的土地使用权出让金和相关支出入账。

（4）公司自创并依法取得的专利权、商标权等无形资产的成本，应以依法取得时发生的注册费、聘请律师费以及其他相关支出入账。

（5）其他单位作为资本或者合作条件投入的无形资产，应以评估确认的价值入账。

（6）公司接受捐赠的无形资产，应以资产的市场价格或所提供的有关凭据确认的价值，加发生的各项费用入账。

4. 无形资产的摊销。

（1）无形资产按照取得时的实际成本计价，自开始使用之日起，在有效期内平均摊销。

（2）无形资产采用年限直线法摊销计入管理费用。其中土地使用权摊销年限为40年，其他为10年。

5. 年度终了，检查各项无形资产预计给公司带来未来经济利益的能力，对预计可收回金额低于其账面余额的，应当计提减值准备。无形资产减值准备按单项项目计提。有下列一项或若干项情形的，应当全额计提无形资产减值准备：

（1）某项无形资产已被其他新技术所替代，且该项无形资产已无使用价值和转让价值。

（2）某项无形资产已超过法律保护期，且已不能为企业带来经济利益。

第八章 费用管理

一、目的

为正确反映公司在生产经营中发生的各项费用，严格执行国家关于费用的开支规定和财经法规，规范公司费用的管理与监控，及时提供合法、真实、准确的财务信息。

二、管理原则

1. 费用核算遵循权责发生制的原则。

2. 实行全面预算管理，对费用总额和重点费用项目进行严格监控。

3. 对各项费用严格按开支标准和审批权限进行管理。

4. 超出预算部分要求相关人员自理。如有特殊情况，有总经理批准的可支付，但在下年度费用预算总量内扣除。

三、费用管理

1. 实行全面的预算管理，遵循费用管理规定、开支标准及审批权限，对每月的费用进行监控。

2. 财务部和各职能部门每年根据上一财年费用支出情况、公司业务发展状况以及公司外部条件的变化来确定本年有关费用的开支标准，编制预算。

3. 财务部每年初制定并发布各项费用的审批权限，并以此作为审核费用能否报销的依据。

4. 由财务部、行政部每年针对一些重点日常费用项目，制定专门的管理规定。

5. 财务部每月跟踪和监控各部门的费用总额和各重点费用项目的预算执行情况，及时揭示存在的问题并提出相应的改进措施。

第九章 利润及利润分配管理

一、目的

规范利润核算和利润分配管理。

二、利润

1. 利润，是指公司在一定会计期间的经营成果，包括营业利润、利润总额和净利润。

2. 营业利润，是指营业收入减去营业成本和税金及附加，减去销售费用、管理费用、研发费用和财务费用后，再加上其他收益、投资收益、公允价值变动收益信用及资产减值损失和资产处置收益等的金额。

3. 利润总额，是指营业利润加上营业外收入，减去营业外支出后的金额。

4. 投资收益，是指公司对外投资所取得的收益，减去发生的投资损失和计提的投资减值准备后的净额。

5. 营业外收入和营业外支出，是指公司发生的除营业利润以外的各项收入和各项支出。营业外收入主要包括与企业日常活动无关的政府补助、盘盈利得、捐赠利得（企业接受股东或股东的子公司直接或间接的捐赠，经济实质属于股东对企业的资本性投入的除外）等。营业外支出主要包括公益性捐赠支出、非常损失、盈亏损失、非流动资产毁损报废损失等。

营业外收入和营业外支出应当分别核算，并在利润表中分列项目反映。营业外收入和营业外支出还应当按照具体收入和支出设置明细项目，进行明细核算。

6. 所得税费用，是指公司应计入当期损益的所得税费用。

7. 净利润，是指利润总额减去所得税费用后的金额。

三、所得税费用

公司的所得税费用应当按照以下原则核算：

公司根据具体情况，选择采用资产负债表债务法进行所得税的核算。

资产负债表债务法是从资产负债表出发，通过比较资产负债表上列示的资产、负债按照会计准则规定确定的账面价值与按税法规定确定的计税基础，对于两者之间的差异分别应纳税暂时性差异和可抵扣暂时性差异，确认相关的递延所得税负债和递延所得税资产，并在此基础上确定每一会计期间利润表中的所得税费用。

四、利润分配

1. 公司应按月、季度计算利润，并按年计算利润。

2. 公司当期实现的净利润，加上年初未分配利润（或减去年初未弥补亏损）和其他转入后的余额，为可供分配的利润。可供分配的利润，按公司章程提取10%法定盈余公积。

3. 可供分配的利润减去提取的法定盈余公积后，为可供投资者分配的利润。可供投资者分配的利润，按下列顺序分配：

（1）提取任意盈余公积，是指公司按规定提取的任意盈余公积。

（2）应付普通股股利，是指公司按照利润分配方案分配给普通股股东的现金股利。公司分配给投资者的利润，也在本项目核算。

（3）转作资本（或股本）的普通股股利，是指公司按照利润分配方案以分派股票股利的形式转作的资本（或股本）。公司以利润转增的资本，也在本项目核算。可供投资者分配的利润，经过上述分配后，为未分配利润（或未弥补亏损）。未分配利润可留待以后年度进行分配。公司如发生亏损，可以按规定由以后年度利润进行弥补。

公司未分配的利润（或未弥补的亏损）应当在资产负债表的所有者权益项目中单独反映。

4. 公司实现的利润和利润分配应当分别核算，利润构成及利润分配各项目应当设置明细账，进行明细核算。公司提取的法定盈余公积、提取的任意盈余公积、分配的普通股股利、转作资本（或股本）的普通股股利，以及年初未分配利润（或未弥补亏损）、期末未分配利润（或未弥补亏损）等，均应当在利润分配表中分别列项予以反映。

第十章 会计核算和财务报告管理

一、目的

明确公司账务核算的方法，规范公司财务报告编制的时间、程序和数据要求，确保公司账务核算数据的及时性和表达的一致性。

二、会计核算原则

1. 公司执行《中华人民共和国会计法》《企业会计准则》《会计人员职权条例》《会计基础工作规范》《会计档案管理办法》等法律法规关于会计核算一般原则、会计凭证和账簿、内部审计和财产清查、成本清查等事项的规定。

2. 公司的会计年度采用公历制，即每年公历1月1日至12月31日为一个会计年度。

3. 会计核算应遵循下列原则：真实性原则、相关性原则、可比性原则、一贯性原则、及时性原则、明晰性原则、权责发生制原则、谨慎原则、重要性原则，实质重于形式原则等。

4. 会计核算应以人民币为记账本位币。

5. 公司以权责发生制为记账基础。记账方法采用借贷记账法。所有会计凭证、账簿、报表中各种文字记录用中文记载。

6. 公司对公司资本坚持资本确定、资本充实的原则。

7. 对同一时期的各项收入及与其相关联的成本、费用都必须在同一时期内反映，如应付工资、应提折旧等均按规定时间进行，不应提前或延后。

8. 公司采用的会计处理方法，前后各期必须一致，不得随意改变。

9. 凡与公司合作经营的企业，应按合同规定的资本总额、出资比例、出资方式，在规定期限内投入资本。

10. 公司向其他单位投出的资金，应按投出时交付的金额记账，所发生的收益和损失，应在投资损益科目中入账，在利润表中单独反映。

11. 长期借款的利息支出，应根据使用单位用款时间计算利息。

12. 资产的购进以取得所有权为原则，并按取得时实际成本核算。

13. 应收账款是核算公司提供劳务服务等业务，应向合作方或接受劳务服务单位收取的款项。应收账款应经常清理核对，定期向欠款单位发欠款对账函，并要求欠款单位核对后，加盖财务章或者公章确认退回一份。

14. 低值易耗品应采用一次摊销法，直接计入当前有关的成本费用，并登记实物备查账，加强对实物的管理。

15. 固定资产是指使用年限一年以上，单位价值1000元以上，并在使用过程中保持原来物质形态的资产，包括土地和房屋、房屋设备、动力设备、维修及测试设备、车辆设备、计算机及外设、网络及通信设备、软件系统、电气设备、家具。

固定资产折旧残值率为10%，采用直线法计提折旧。固定资产提完折旧后仍可继续使用的，不再计提折旧；提前报废的固定资产要补足折旧。

固定资产必须每年盘点一次，对盘盈、盘亏、报废及固定资产的计价，必须严格审查，按规定经批准后，于年度决算时处理完毕。

16. 无形资产是指长期使用而没有实物形态的资产，包括专利技术、非专利技术、商标权、著作权、土地使用权、商誉等，各种无资产应当在有效期或受益期内平均摊销，其中土地使用权摊销年限为40年，其他为10年。

17. 长期待摊费用是指不能全部计入当期损益，需要在以后年度内分期摊销的各种费用，包括租入固定资产的改良支出、大修理支出，其摊销期限超过一年的，都在“长期待摊费用”科目内核算。长期待摊费用摊销按受益期摊销。

18. 公司费用开支标准依照公司制定的相关费用制度执行。

三、财务报告

1. 财务报告分为月度、季度、半年度、年度财务报告，内容涵盖会计报表、附表、附注及文字说明等。

2. 基本财务报告包括资产负债表、利润表、现金流量表、所有者权益变动表及其附注。

3. 财务报表的报送时间规定如下。

（1）财务资料的报送时间：公司在每月 10 号之前向总经理和相关部门报送上月的汇总报表。

（2）年报报送时间：公司在 4 月底前完成上年度正式年度报告。

4. 财务情况说明书主要说明下列内容：

（1）企业的生产经营基本情况。

（2）利润实现情况。

（3）资金使用及周转情况。

（4）债权债务变动情况。

（5）各类资产增减变动情况。

（6）主要税项交纳情况。

（7）成本费用的升降情况。

（8）其他财务会计方面需要说明的问题。

第十一章 会计档案管理

一、管理原则

1. 财务部人员有保护档案的义务。

2. 档案工作实行统一领导、统一保管、审批查阅的原则，进行管理。

3. 档案工作由财务经理统一领导，档案室负责收集、整理、立卷和保管。

4. 档案室应逐步完善档案制度，确保档案安全和方便利用，采用科学手段，逐步实现档案管理现代化。

二、管理办法

1. 整理方法。

财务部档案整理方法应按照年度分类法、文件种类（名称）分类法。如：会计凭证类、会计账簿类、会计报表类、审计报告、合同类、涉税资料类、其他类等。

2. 整理步骤。

（1）收集：当年立前一年的卷，并预立当年的卷。

（2）整理：根据所属公司按资料类别分类，再按时间排序整理。

会计凭证整理方法：按记账凭证的编号顺序排列；记账凭证所附的各种原始凭证折叠粘贴要整齐规范；装订后要进行密封处理，在密封齐缝处加盖经手人章并财务专用章；凭证封面要填写齐全、规范、清楚。

会计账簿整理方法：要把不同名称种类的账簿分别组卷；扉页上单位名称、账簿名称及编号、启用日期、起止页数、经管人员、交接记录、会计主管人员和单位负责人等项目要填写齐全；足额粘贴印花税票，封面上加标签，填写单位名称、案卷题名、保管期限和档案号；进行密封装订，在密封齐缝处加盖经手人员印章及财务专用章，在封底要加备考表，并填写规范。

财务报表整理方法：财务报表组卷时，填写卷内文件目录和备考表，案卷封面要有会计的签名或盖章等，密封处要加盖财务专用章；封面填写规范。

（3）分类：以问题特征为主，实行问题—年度分类法管理。

（4）立卷：满足以上条件后按时间立卷方法立卷为宜，因财务档案如季度、月份、年度的报表、报告、凭证等时间特征较为突出，因而采用按时间特征立卷的方法。

3. 过程管理

（1）归档时间：会计负责整理本公司当年形成的会计档案，由会计年度终了后的第一天算起，由会计编制移交清册（含纸件和电子件），交财务档案室保管。对移交财务档案室的会计档案，原则上应当保持原卷册的封装。个别需要拆封重新整理的，应经财务经理批准并由会计经办人、档案管理人共同拆封整理，以分清责任。

（2）归档要求：应归档的会计档案必须反映公司财务管理、会计活动的全过程并保证完整、准确、系统。应归档的会计档案由财务会计责任人整理立卷，装订成册。账簿扉页加“经办人员一览表”和“账户目录”，编总页号，活页账封成死页账。

（3）档案的保管：集中体现出会计档案的类别、卷次、起止时间、全年共计册数及保存年限等内容，装盒上架，摆放整齐。档案室内的档案要妥善保管，严防损坏和丢失，做好防火、防盗、防潮、防霉、防鼠，确保会计档案的安全。出纳不得保管会计档案。

4. 监督。

财务主管领导可对档案室进行定期或不定期的检查。

5. 销毁。

会计档案保管期满，需要销毁时，由财务部门、审计部门组成鉴定小组，严格审查，提出销毁意见，编制销毁清册及清单，报董事会、总经理、主管部门及当地税务机关同意后，由财务部门及监销部门一同销毁档案。同时在“会计档案销毁清册”上登记及“会计档案销毁清单”上签名或盖章。“会计档案销毁清册”及“会计档案销毁清单”要长期保存。

对应销毁的会计档案中如有未结清的债权债务或未结案原始凭证，应单独抽出立卷，保管到未了事项完结时为止。

对应销毁的会计档案中，仍具有保存价值的重要档案，应将其抽出，另行整理立卷，单独长期保存。单独抽出立卷的会计档案，应在“会计档案销毁清册”和“会计档案保管清册”中列明。

6. 查阅及外借。

档案管理人员应建立查阅登记制度，应在登记本上登记清楚：何年、何月、何日、何人借阅何类档案及编号，并标注归还日期等。

财务人员因工作需要查阅会计档案时，必须按规定顺序及时归还原处，若要查阅入库档案，必须办理有关借用手续。

公司内其他部门若因公需要查阅会计档案时，必须经本部门领导批准，经财务经理同意，方能由档案管理人员接待（陪同）查阅。

外单位人员因公需要查阅会计档案时，应持有单位介绍信，经财务经理同意后，方能由档案管理人员接待查阅，并由档案管理人员详细登记查阅会计档案人的工作单位、查阅日期、会计档案名称及查阅理由。

会计档案为本单位提供利用，原则上不得借出。如有特殊需要，经本单位相关部门负责人及财务部经理批准，可以提供查阅或者复制，限期归还。查阅或者复制会计档案的人员，严禁在会计档案上涂画、拆封和抽换。借出的会计档案，会计管理人员要按期如数收回。

查阅或复制会计档案的人员，应遵守制度，不准吸烟，不准随意拆卷撕面、涂改、勾画、调换、污损，更不能随意乱放，以免遗失。

三、档案备份

1. 财务所有有价值的文件、报表、业务记录等必须备份。

2. 各档案应尽量采用电脑管理和工作，便于业务资料的数字化处理和保存。

3. 备份盘与源盘应分开存放，财务的备份盘应在财务内部保存，以便更好利用。

第十二章　内部会计控制制度

一、目的

为促进我公司内部会计控制建设，加强内部会计监督，规范会计行为，保证会计资料真实完整，堵塞财务管理漏洞，消除管理隐患，有效防范并及时发现纠正各种错误和舞弊行为，依法保护公司资产的安全完整，特制定以下内部控制制度：货币资金内部控制制度、费用报销内部控制制度。

二、货币资金内部控制制度

1. 实行钱账分管制度，出纳人员不得负责总账的记录，不得兼任凭证稽核、会计档案的保管和收入、支出、费用、债权债务等会计账目的登记。

2. 现金收入和支出必须以经过审核签字的现金收付款凭证为依据，并由出纳及时逐笔、序时登记现金日记账，做到收支清楚、日清月结、手续完备、账实相符。

3. 库存现金除日常周转需用外，应严格遵守开户银行核定的库存限额，多余部分及时缴存银行。

4. 严格执行国家规定的现金开支范围，不坐支现金，不得以白条抵库。现金必须存放在保险柜内，并定期或临时进行现金盘点。

5. 银行存款收付业务必须定期与银行对账单核对，由会计编制银行存款余额调节表，出纳复核，主管财务经理负责审核。

6. 收据必须按编号顺序使用，不得套开和出借。

7. 支付金额大于 2000 元一般应采用银行结算，无特殊情况不得签发空白支票。

8. 收到现金、银行支票和银行汇票等银行票据，出纳应及时缴存银行，从银行取得的现金交款单、银行进账单及向客户开具的收据和发票记账联及时转给主管会计，根据业务性质编制收款凭证，出纳员据此登记现金、银行日记账。

9. 通过银行结算的付款业务，必须按照审批权限经相关签字权人审批后方可办理结算手续。

10. 一切收付款原始凭证必须齐全，付款业务完成后记账凭证要加盖付讫印章。

11. 所有与现金和银行存款收支业务有关的人员在业务处理过程中都必须在相关文件上审核、签字，以备追溯责任。

三、费用报销内部控制制度

1. 费用管理以预算管理为主，部门内部预算约束自主管理的总费用限额使用制度。通过预算约束减少直至杜绝超预算、预算外、无预算费用的发生。

2. 费用，仅指管理费用、办公费、差旅费、业务招待费等可控费用。可控费用的报销，预算内部分一般由各部门经理签批，超预算部分需总经理审批，由财务部负责费用报销资金安排，财务部办理报销。

3. 费用报销时，经办人应提供完整、真实的原始凭证，经办人、部门经理、财务总监、总经理应按照审批权限逐级在差旅费报销单上签字。财务报销人员收到审批完整的付款单时应认真审核原始凭证的合法性、真实性、完整性，并按照有关专项报销制度的规定标准予以报销付款。以前有借款的应当首先冲减前期借款，原则上前清后报，任何人不得长期占用公司资金。

4. 复印件不得报销、虚假发票不能报销、超标准（无签字）不能报销、白条不能报销。

5. 报销凭证应当按照部门归属、业务性质计入相关部门责任费用，并建立部门统计台账，月末结账后分别报业务部门和人力资源部。

第十三章　附则

一、本制度由公司财务部制订和解释。

二、本制度从公司股东会批准之日起执行。

成都国通电动自行车有限公司

股东会

20×3 年 7 月 1 日

四、实训期初资料

（一）国通公司 20×4 年 1 月月初总账账户余额

国通公司 20×4 年 1 月月初总账账户余额如表 2-1 所示。

表 2-1 国通公司 20×4 年 1 月月初总账账户余额 单位：元

账户名称	借方余额	贷方余额
库存现金	3,000.00	
银行存款	20,848,391.90	
其他货币资金	3,409,118.63	
交易性金融资产	5,000,000.00	
应收账款	9,508,838.11	
应收票据	315,000.00	
预付账款	282,901.24	
坏账准备		47,544.19
原材料	4,167,200.00	
周转材料	15,735.00	
库存商品	5,376,300.00	
生产成本	2,021,639.03	
其他权益工具投资	11,416,798.55	
长期股权投资	38,717,743.81	
投资性房地产	435,917.07	
固定资产	86,274,962.20	
累计折旧		22,619,564.02
在建工程	5,044,833.62	
无形资产	19,052,720.30	
累计摊销		3,810,544.00
其他非流动资产	29,315.52	
短期借款		51,000,000.00
应付账款		10,737,188.03
预收账款		13,242,326.69
应付职工薪酬		2,340,438.81
应交税费		1,572,266.70
应付股利		21,850.50
其他应付款		585,408.42
长期借款		5,000,000.00
实收资本		80,361,977.50
资本公积		949,149.32
盈余公积		2,925,475.37
本年利润		7,030,898.47
利润分配		9,675,782.96
合计	211,920,414.98	211,920,414.98

（二）国通公司 20×4 年 1 月月初部分明细账账户余额

1. 银行存款明细账账户月初余额

银行存款明细账账户月初余额见表 2-2。

表 2-2 银行存款明细账账户月初余额 单位：元

银行名称	金额
工商银行	20,848,391.90
合计	20,848,391.90

2. 其他货币资金明细账账户月初余额

其他货币资金明细账账户月初余额见表 2-3。

表 2-3 其他货币资金明细账账户月初余额 单位：元

明细项目	金额
银行本票	1,845,471.18
银行汇票	1,563,647.45
合计	3,409,118.63

3. 交易性金融资产明细账户月初余额

交易性金融资产明细账户月初余额见表 2-4。

表 2-4 交易性金融资产明细账户月初余额

被投资方	持有数量 / 股	购入市价 /（元 / 股）	金额 / 元
大华公司	200,000.00	25.00	5,000,000.00
合计			5,000,000.00

4. 往来单位明细

往来单位明细见表 2-5。

表 2-5 往来单位明细

类别	公司名称
客户	华信公司
	景宏公司
	新昌公司
供应商	兴通公司
	昌建公司
	泛美公司

5. 预付账款明细账账户月初余额

预付账款明细账账户月初余额见表 2-6。

表 2-6　预付账款明细账账户月初余额　　单位：元

供应商名称	金额
兴通公司	282,901.24
合计	282,901.24

6. 应收账款明细账账户月初余额

应收账款明细账账户月初余额见表 2-7。

表 2-7　应收账款明细账账户月初余额　　单位：元

客户名称	金额
华信公司	5,705,302.87
景宏公司	3,803,535.24
合计	9,508,838.11

7. 应收票据明细账账户月初余额

应收票据明细账账户月初余额见表 2-8。

表 2-8　应收票据明细账账户月初余额　　单位：元

客户名称	金额
景宏公司	315,000.00
合计	315,000.00

8. 库存商品明细账账户月初余额

库存商品明细账账户月初余额见表 2-9。

表 2-9　库存商品明细账账户月初余额

产品名称	数量 / 辆	单位成本 / 元	总成本 / 元
GT-01 型电动自行车	3,500	921.00	3,223,500.00
GT-02 型电动自行车	1,800	1,196.00	2,152,800.00
合计			5,376,300.00

9. 20×4 年 1 月产品产量资料

20×4 年 1 月产品产量资料见表 2-10。

表 2-10　20×4 年 1 月产品产量资料　　单位：辆

产品名称	月初在产品产量	本月投产量	本月完工产量	月末在产品产量
GT-01 型电动自行车	1,990	7,100	7,390	1,700
GT-02 型电动自行车	1,150	3,550	3,760	940

10. 生产成本明细账账户月初余额

生产成本明细账账户月初余额见表 2-11。

表 2-11 生产成本明细账账户月初余额 单位：元

项目	直接材料	直接人工	制造费用	合计
GT-01 型电动自行车	1,273,632.59	0	0	1,273,632.59
GT-02 型电动自行车	748,006.44	0	0	748,006.44
合计	2,021,639.03			2,021,639.03

11. 周转材料明细账账户月初余额

周转材料明细账账户月初余额见表 2-12。

表 2-12 周转材料明细账账户月初余额

名称	数量	单位成本 / 元	总成本 / 元
工作服	52 件	80.00	4,160.00
劳保鞋	55 双	25.00	1,375.00
手套	50 副	4.00	200.00
专用工具	50 套	200.00	10,000.00
	合计		15,735.00

12. 原材料明细账账户月初余额

原材料明细账账户月初余额见表 2-13。

表 2-13 原材料明细账账户月初余额

材料套件名称	类别								总计
	A 类（适用于 GT-01 型产品）				B 类（适用于 GT-02 型产品）				
	3900 套				2200 套				
	明细	数量	单价 / 元	金额 / 元	明细	数量	单价 / 元	金额 / 元	
车轮总成	轮辋	7,800 个	12	93,600.00	轮辋	4,400 个	16	70,400.00	
	内胎	7,800 条	5	39,000.00	内胎	4,400 条	6	26,400.00	
	外胎	7,800 条	15	117,000.00	外胎	4,400 条	19	83,600.00	
	飞轮	3,900 个	6	23,400.00	飞轮	2,200 个	6	13,200.00	
	车轮总成小计		70	273,000.00	车轮总成小计		88	193,600.00	
车架组件	中轴	3,900 根	5	19,500.00	中轴	2,200 根	5	11,000.00	
	前叉	3,900 套	12	46,800.00	前叉	2,200 套	16	35,200.00	
	主车架	3,900 个	22	85,800.00	主车架	2,200 个	31	68,200.00	
	鞍座	3,900 个	15	58,500.00	鞍座	2,200 个	28	61,600.00	
	链轮曲柄	3,900 个	6	23,400.00	链轮曲柄	2,200 个	18	39,600.00	
	护板	3,900 副	15	58,500.00	护板	2,200 副	15	33,000.00	
	车架组件小计		75	292,500.00	车架组件小计		113	248,600.00	

续表

材料套件名称	类别								总计
	A 类（适用于 GT-01 型产品）				B 类（适用于 GT-02 型产品）				
	3900 套				2200 套				
	明细	数量	单价 / 元	金额 / 元	明细	数量	单价 / 元	金额 / 元	
车体组件	前泥板	3,900 个	5	19,500.00	前泥板	2,200 个	5	11,000.00	
	后泥板	3,900 个	6	23,400.00	后泥板	2,200 个	6	13,200.00	
	后尾反射器	7,800 个	1	7,800.00	后尾反射器	4,400 个	1	4,400.00	
	链条	3,900 根	5	19,500.00	链条	2,200 根	5	11,000.00	
	链罩	3,900 个	5	19,500.00	链罩	2,200 个	5	11,000.00	
	前后闸	3,900 个	8	31,200.00	前后闸	2,200 个	9	19,800.00	
	支架	3,900 个	8	31,200.00	支架	2,200 个	10	22,000.00	
	衣架	3,900 个	7	27,300.00	衣架	2,200 个	15	33,000.00	
	脚踏板	3,900 个	6	23,400.00	脚踏板	2,200 个	6	13,200.00	
	工具箱	3,900 个	13	50,700.00	工具箱	2,200 个	18	39,600.00	
	裙罩	3,900 个	10	39,000.00	裙罩	2,200 个	10	22,000.00	
	车体组件小计		75	292,500.00	车体组件小计		91	200,200.00	
车把组件	显示面板	3,900 块	16	62,400.00	显示面板	2,200 块	20	44,000.00	
	调速转把	3,900 个	3	11,700.00	调速转把	2,200 个	3	6,600.00	
	灯架	3,900 个	3	11,700.00	灯架	2,200 个	3	6,600.00	
	闸把	7,800 副	6	46,800.00	闸把	4,400 副	6	26,400.00	
	车把	3,900 个	15	58,500.00	车把	2,200 个	20	44,000.00	
	车篮	3,900 个	9	35,100.00	车篮	2,200 个	11	24,200.00	
	车闸刹线	3,900 根	1	3,900.00	刹线	2,200 根	1	2,200.00	
	喇叭	3,900 个	3	11,700.00	喇叭	2,200 个	3	6,600.00	
	车把组件小计		62	241,800.00	车把组件小计		73	160,600.00	
电器组件	控制器	3,900 个（36V350W）	30	117,000.00	控制器	2,200 个（48V500W）	54	118,800.00	
	电机	3,900 台（16 寸）	90	351,000.00	电机	2,200 台（18 寸）	120	264,000.00	
	充电器	3,900 只（36V12AH）	15	58,500.00	充电器	2,200 只（48V20AH）	20	44,000.00	
	电器组件小计		135	526,500.00	电器组件小计		194	426,800.00	
蓄电池	24V8AH	3,900 个	180	702,000.00	36V12AH	2,200 个	240	528,000.00	

续表

材料套件名称	类别								总计
	A 类（适用于 GT-01 型产品）				B 类（适用于 GT-02 型产品）				
	3900 套				2200 套				
	明细	数量	单价 / 元	金额 / 元	明细	数量	单价 / 元	金额 / 元	
维修工具包	开口扳手	11,700 个	1	11,700.00	开口扳手	6,600 个	1	6,600.00	
	钳子	3,900 个	2	7,800.00	钳子	2,200 个	2	4,400.00	
	六角扳手	11,700 个	1	11,700.00	六角扳手	6,600 个	1	6,600.00	
	工具袋	3,900 个	2	7,800.00	工具袋	2,200 个	2	4,400.00	
	维修工具包小计		10	39,000.00	维修工具包小计		10	22,000.00	
螺丝钉	15mm 螺丝钉	30 千克	100	3,000.00	15mm 螺丝钉	50kg	120	6,000.00	
	20mm 螺丝钉	30 千克	180	5,400.00	20mm 螺丝钉	30kg	190	5,700.00	
	螺丝钉小计			8,400.00	螺丝钉小计			11,700.00	
合计				2,375,700.00	合计			1,791,500.00	4,167,200.00

13. 固定资产明细账账户月初余额

固定资产明细账账户月初余额见表 2-14。

表 2-14　固定资产明细账账户月初余额　　单位：元

明细项目	金额
房屋及建筑物	39,389,282.35
机气设备	29,486,390.85
运输设备	10,863,627.24
办公及其他设备	6,535,661.76
合计	86,274,962.20

14. 累计折旧明细账账户月初余额

累计折旧明细账账户月初余额见表 2-15。

表 2-15　累计折旧明细账账户月初余额　　单位：元

明细项目	金额
房屋及建筑物	14,180,141.65
机气设备	5,307,550.35
运输设备	1,955,452.90
办公及其他设备	1,176,419.12
合计	22,619,564.02

15. 短期借款明细账账户月初余额

短期借款明细账账户月初余额见表 2-16。

表 2-16 短期借款明细账账户月初余额 单位：元

银行	金额
建设银行	29,750,000.00
工商银行	21,250,000.00
合计	51,000,000.00

16. 应付账款明细账账户月初余额

应付账款明细账账户月初余额见表 2-17。

表 2-17 应付账款明细账账户月初余额 单位：元

供应商名称	金额
昌建公司	6,442,312.82
泛美公司	4,294,875.21
合计	10,737,188.03

17. 预收账款明细账账户月初余额

预收账款明细账账户月初余额见表 2-18。

表 2-18 预收账款明细账账户月初余额 单位：元

客户名称	金额
新昌公司	13,242,326.69
合计	13,242,326.69

18. 应付职工薪酬明细账账户月初余额

应付职工薪酬明细账账户月初余额见表 2-19。

表 2-19 应付职工薪酬明细账账户月初余额 单位：元

项目	金额
工资	2,337,923.50
工会经费	1,605.60
职工教育经费	909.71
合计	2,340,438.81

19. 应交税费明细账账户月初余额

应交税费明细账账户月初余额见表 2-20。

表 2-20 应交税费明细账账户月初余额 单位：元

明细项目	金额
应交增值税（未交增值税）	1,061,005.96
应交企业所得税	508,241.66
应交个人所得税	3,019.08
合计	1,572,266.70

20. 实收资本明细账账户月初余额

实收资本明细账账户月初余额见表2-21。

表2-21 实收资本明细账账户月初余额 单位：元

股东名称	金额
王远飞	24,108,593.25
郑佳投资集团	56,253,384.25
合计	80,361,977.50

21. 盈余公积明细账账户月初余额

盈余公积明细账账户月初余额见表2-22。

表2-22 盈余公积明细账账户月初余额 单位：元

明细科目	金额
法定盈余公积	2,925,475.37
合计	2,925,475.37

22. 利润分配明细账账户月初余额

利润分配明细账账户月初余额见表2-23。

表2-23 利润分配明细账账户月初余额 单位：元

明细科目	金额
未分配利润	9,675,782.96
合计	9,675,782.96

第三章

实训企业 20×4 年 1 月经济业务实例

（一）业务 1

实例

业务 1 中所涉及图见图 3-1 ～图 3-16，所涉及表见表 3-1 和表 3-2。

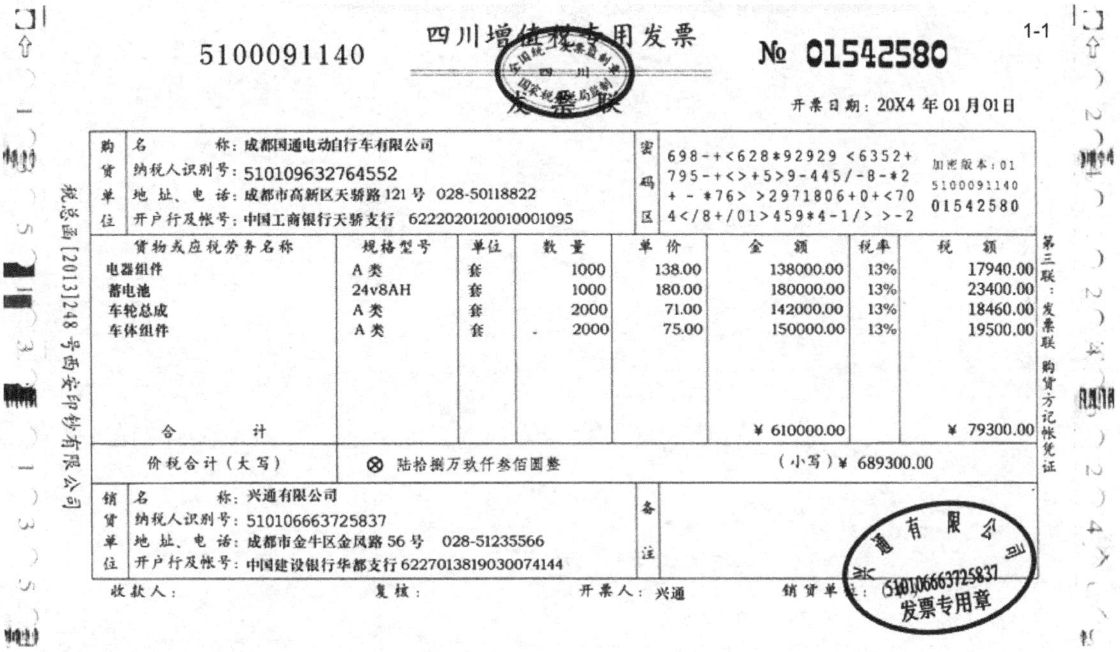

1-1

5100091140　四川增值税专用发票　№ 01542580

发票联

开票日期：20X4 年 01 月 01 日

购货单位	名　　称：成都国通电动自行车有限公司 纳税人识别号：510109632764552 地 址、电 话：成都市高新区天骄路 121 号 028-50118822 开户行及帐号：中国工商银行天骄支行 6222020120010001095				密码区	698-+<628*92929 <6352+ 795-+<>+5>9-445/-8-*2 +-*76> >2971806+0+<70 4</8+/01>459*4-1/> >-2	加密版本：01 5100091140 01542580
货物或应税劳务名称	规格型号	单位	数量	单价	金额	税率	税额
电器组件	A 类	套	1000	138.00	138000.00	13%	17940.00
蓄电池	24v8AH	套	1000	180.00	180000.00	13%	23400.00
车轮总成	A 类	套	2000	71.00	142000.00	13%	18460.00
车体组件	A 类	套	2000	75.00	150000.00	13%	19500.00
合　　计					¥ 610000.00		¥ 79300.00
价税合计（大写）	⊗ 陆拾捌万玖仟叁佰圆整				（小写）¥ 689300.00		
销货单位	名　　称：兴通有限公司 纳税人识别号：510106663725837 地 址、电 话：成都市金牛区金凤路 56 号 028-51235566 开户行及帐号：中国建设银行华都支行 6227013819030074144				备注		

收款人：　　复核：　　开票人：兴通　　销货单位：（章）

图 3-1　四川增值税专用发票发票联 1

1-2

5100091140　**四川增值税专用发票**　№ 01542580

抵扣联

开票日期：20X4年01月01日

购货单位	名称：成都国通电动自行车有限公司 纳税人识别号：510109632764552 地址、电话：成都市高新区天骄路121号 028-50118822 开户行及帐号：中国工商银行天骄支行 6222020120010001095	密码区	698-+<628*92929 <6352+ 795-+<>+5>9-445/-8-*2 + - *76> >2971806+0+<70 4</8+/01>459*4-1/> >-2	加密版本：01 5100091140 01542580

货物或应税劳务名称	规格型号	单位	数量	单价	金额	税率	税额
电器组件	A类	套	1000	138.00	138000.00	13%	17940.00
蓄电池	24v8AH	套	1000	180.00	180000.00	13%	23400.00
车轮总成	A类	套	2000	71.00	142000.00	13%	18460.00
车体组件	A类	套	2000	75.00	150000.00	13%	19500.00
合计					¥ 610000.00		¥ 79300.00
价税合计（大写）	⊗陆拾捌万玖仟叁佰圆整				（小写）¥ 689300.00		

销货单位	名称：兴通有限公司 纳税人识别号：510106663725837 地址、电话：成都市金牛区金凤路56号 028-51235566 开户行及帐号：中国建设银行华都支行 6227013819030074144	备注	（兴通有限公司 510106663725837 发票专用章）

收款人：　　复核：　　开票人：兴通　　销货单位：（章）

税总函[2013]248号西安印钞有限公司

第二联：抵扣联 购货方扣税凭证

图 3-2　四川增值税专用发票抵扣联 1

1-3

代开　5100133760　**货物运输业增值税专用发票**　№ 00125569

5100133760
00125569

发票联

开票日期：20X4年01月01日

承运人及纳税人识别号	成都快捷物流有限公司 510124080613893	密码区	49*-6962+*1+683>>-5>+946622 -9-15*2*/32696+93041<<0+22- /-9>2473<5<06*1+5955-246>1+ 7+24579+<*9084+81+157699<6/
实际受票方及纳税人识别号	成都国通电动自行车有限公司 510109632764552		
收货人及纳税人识别号	成都国通电动自行车有限公司 510109632764552	发货人及纳税人识别号	兴通有限公司 510106663725837
起运地、经由、到达地			

费用项目及金额	费用项目	金额	费用项目	金额	运输货物信息	配件
	运输费	1165.05				

合计金额	¥1165.05	税率	3%	税额	¥34.95	机器编号	929900256565
价税合计(大写)	⊗壹仟贰佰元整				（小写）	¥ 1200.00	
车种车号		车船吨位		备注	完税凭证号码：151016140706458578		
主管税务机关及代码	高新区国家税务局纳税服务科 15101248300				（兴通有限公司 510106663725837 发票专用章）		

收款人：　　复核人：　　开票人：代开　　承运人：（章）

税总函[2013]248号西安印钞有限公司

第三联：发票联 受票方记账凭证

图 3-3　货物运输业增值税专用发票发票联 1

1-4

货物运输业增值税专用发票

代开　5100133760　　　　№ 00125569

5100133760
00125569

抵扣联　　　　开票日期：20X4 年 01 月 01日

承运人及纳税人识别号	成都快捷物流有限公司 510124080613893	密码区	49*-6962+*1+683>>-5>+946622 -9-15*2*/32696+93041<<0+22- /-9>2473<5<06*1+5955-246>1+ 7+24579+<*9084+81+157699<6/
实际受票方及纳税人识别号	成都国通电动自行车有限公司 510109632764552		
收货人及纳税人识别号	成都国通电动自行车有限公司 510109632764552	发货人及纳税人识别号	兴通有限公司 510106663725837
起运地、经由、到达地			
费用项目及金额	费用项目：运输费　金额：1165.05　费用项目　金额	运输货物信息	配件
合计金额	¥1165.05　税率 3%　税额 ¥34.95	机器编号	929900256565
价税合计（大写）	⊗ 壹仟贰佰元整	（小写）	¥ 1200.00
车种车号	车船吨位	备注	完税凭证号码：151016140706458578
主管税务机关及代码	高新区国家税务局纳税服务科 15101248300		

收款人：　　复核人：　　开票人：代开　　承运人：（章）

第二联：抵扣联 受票方扣税凭证

税总函［2013］248号西安印钞有限公司

图 3-4　货物运输业增值税专用发票抵扣联 1

1-5

（　国通电动自行车　）公司　　费用报销单

报销部门：采购部　　　　20X4 年 1 月 1 日　　　　附件：1 张

费用项目	类别	单据张数	金额		
购进原材料		1	¥689,300.00	借款人（预付单位）	兴通有限公司
				借款金额（支/现）	¥282,901.24
				应退金额（支/现）	
报销金额合计		1	¥689,300.00	应补金额（支/现）	¥406,398.76
核实金额（大写）⊗ 佰 陆 拾 捌 万 玖 仟 叁 佰 零 拾 零 元 零 角 零 分					
报销人	李梅	部门负责人		主管副总经理		总经理	王运飞
财务负责人	陈晨	财务审核		出纳		领款人	

图 3-5　费用报销单 1

1-6

中国工商银行
转账支票存根
10205132
04057270

附加信息
出票人：成都国通电动自行车有限公司
出票账号：6222020120010001095

出票日期 20X4年 01月 01 日
收款人：兴通有限公司
金　额：¥406,398.76
用　途：货款
单位主管　　会计

图 3-6　存根 1

1-7

ICBC 中国工商银行　进账单（回　单）2

20X4年 01 月 01 日

出票人	全　称	成都国通电动自行车有限公司	收款人	全　称	兴通有限公司
	账　号	6222020120010001095		账　号	6227013819030074144
	开户银行	中国工商银行天骄支行		开户银行	中国建设银行华都支行
金额	人民币（大写）	肆拾万陆仟叁佰玖拾捌元柒角陆分		亿千百十万千百十元角分	¥40639876
票据种类	转支	票据张数			
票据号码	04057270				
货款					
复核　记账				开户银行签章	

中国工商银行股份有限公司成都天骄支行　业务专用章（1）

此联是开户银行交给持（出）票人的回单

图 3-7　进账单 1

1-8

（　国通电动自行车　）**公司**　　费用报销单

报销部门：采购部　　　　20X4 年 1 月 1 日　　　　附件： 1 张

费用项目	类别	单据张数	金额	借款人（预付单位）	
报运输费		1	¥1,200.00		
				借款金额（支/现）	
				应退金额（支/现）	
报销金额合计		1	¥1,200.00	应补金额（支/现）	¥1,200.00
核实金额	（大写）⊗ 佰 ⊗ 拾 ⊗ 万 壹 仟 贰 佰 零 拾 零 元 零 角 零 分				

报销人	刘汉	部门负责人		主管副总经理		总经理	王运飞
财务负责人	陈晨	财务审核		出纳		领款人	

图 3-8　费用报销单 2

1-9

中国工商银行
转账支票存根
10205132
04057271

附加信息
出票人：成都国通电动自行车有限公司
出票账号：6222020120010001095

出票日期 20X4年 01月 01 日
收款人：成都快捷物流有限公司
金　额：¥1200.00
用　途：运杂费
单位主管　　会计

图 3-9　存根 2

1-10

ICBC 中国工商银行　进账单（回　单）2

20X4年 01 月 01 日

出票人	全　称	成都国通电动自行车有限公司	收款人	全　称	成都快捷物流有限公司
	账　号	6222020120010001095		账　号	6224002120304851874
	开户银行	中国工商银行天骄支行		开户银行	中国工商银行大业支行
金额	人民币（大写）	壹仟贰佰元整		亿千百十万千百十元角分	¥120000
票据种类	转支	票据张数			
票据号码	04057271				
运杂费					
复核　记账				开户银行签章	

中国工商银行股份有限公司成都天骄支行　业务专用章（1）

此联是开户银行交给持（出）票人的回单

图 3-10　进账单 2

1-11

入　库　单

№ 0026925

入库部门:　　　　20X4 年 1 月 1 日

通知单号	编号	种类	名称	规格	数量		单位	单价	成本总额									明细账	
					送缴	实收			百	十	万	千	百	十	元	角	分	号	页
	A01001	A类	控制器	36V350W 无刷	1000	1000	个	33.00		¥	3	3	0	0	0	0	0		
	A01002	A类	电机	16寸	1000	1000	个	90.00		¥	9	0	0	0	0	0	0		
	A01003	A类	充电器	36V12AH	1000	1000	个	15.00		¥	1	5	0	0	0	0	0		
备注	供货方：兴通有限公司						合计		¥	1	3	8	0	0	0	0	0		

二 仓库

负责人　　　　记账　　　　收货人　　　　制单

图 3-11　入库单 1

1-12

入　库　单

№ 0026925

入库部门:　　　　20X4 年 1 月 1 日

通知单号	编号	种类	名称	规格	数量		单位	单价	成本总额									明细账	
					送缴	实收			百	十	万	千	百	十	元	角	分	号	页
	A08001	A类	蓄电池	24V8AH	1000	1000	个	180.00	¥	1	8	0	0	0	0	0	0		
备注	供货方：兴通有限公司						合计		¥	1	8	0	0	0	0	0	0		

二 仓库

负责人　　　　记账　　　　收货人　　　　制单

图 3-12　入库单 2

1-13

入　库　单

№ 0026925

入库部门:　　　　20X4 年 1 月 1 日

通知单号	编号	种类	名称	规格	数量		单位	单价	成本总额									明细账	
					送缴	实收			百	十	万	千	百	十	元	角	分	号	页
	A02001	A类	轮辋		4000	4000	个	12.00		¥	4	8	0	0	0	0	0		
	A02002	A类	内胎		4000	4000	条	6.00		¥	2	4	0	0	0	0	0		
	A02003	A类	外胎		4000	4000	条	15.00		¥	6	0	0	0	0	0	0		
	A02004	A类	飞轮		2000	2000	个	5.00		¥	1	0	0	0	0	0	0		
备注	供货方：兴通有限公司						合计		¥	1	4	2	0	0	0	0	0		

二 仓库

负责人　　　　记账　　　　收货人　　　　制单

图 3-13　入库单 3

1-14

入 库 单

№ 0026925

入库部门:　　　　20X4 年 1 月 1 日

通知单号	编号	种类	名称	规格	数量		单位	单价	成本总额									明细账	
					送缴	实收			百	十	万	千	百	十	元	角	分	号	页
	A04001	A类	前泥板		2000	2000	个	5.00		¥	1	0	0	0	0	0	0		
	A04002	A类	后泥板		2000	2000	个	6.00		¥	1	2	0	0	0	0	0		
	A04003	A类	后尾反射器		4000	4000	个	1.00			¥	4	0	0	0	0	0		
	A04004	A类	链条		2000	2000	根	5.00		¥	1	0	0	0	0	0	0		
	A04005	A类	链罩		2000	2000	个	5.00		¥	1	0	0	0	0	0	0		
备注	供货方：兴通有限公司						合计			¥	4	6	0	0	0	0	0		

负责人　　记账　　收货人　　制单

二 仓库

图 3-14　入库单 4

1-15

入 库 单

№ 0026925

入库部门:　　　　20X4 年 1 月 1 日

通知单号	编号	种类	名称	规格	数量		单位	单价	成本总额									明细账	
					送缴	实收			百	十	万	千	百	十	元	角	分	号	页
	A04006	A类	前后闸		2000	2000	个	8.00		¥	1	6	0	0	0	0	0		
	A04007	A类	支架		2000	2000	个	8.00		¥	1	6	0	0	0	0	0		
	A04008	A类	衣架		2000	2000	个	7.00		¥	1	4	0	0	0	0	0		
	A04009	A类	脚踏板		2000	2000	个	6.00		¥	1	2	0	0	0	0	0		
	A04010	A类	工具箱		2000	2000	个	13.00		¥	2	6	0	0	0	0	0		
备注	供货方：兴通有限公司						合计			¥	8	4	0	0	0	0	0		

负责人　　记账　　收货人　　制单

二 仓库

图 3-15　入库单 5

1-16

入 库 单

№ 0026925

入库部门:　　　　20X4 年 1 月 1 日

通知单号	编号	种类	名称	规格	数量		单位	单价	成本总额									明细账	
					送缴	实收			百	十	万	千	百	十	元	角	分	号	页
	A04011	A类	裙罩		2000	2000	个	10.00		¥	2	0	0	0	0	0	0		
备注	供货方：兴通有限公司						合计			¥	2	0	0	0	0	0	0		

负责人　　记账　　收货人　　制单

二 仓库

图 3-16　入库单 6

表 3-1　运杂费分配表 1　　1-17

20×4 年 1 月 1 日

货物名称	应借记科目	分配标准 / 套	分配率 /%	应分配金额 / 元
A 类电器组件	原材料			
24V8AH 蓄电池	原材料			
A 类车轮总成	原材料			
A 类车体组件	原材料			
合计				

主管：　　审核：　　制单：

表 3-2　货物清单 1　　1-18

名称	数量	单价 / 元	金额 / 元
控制器	1,000 个（36V350W 无刷）	33.00	33,000.00
电机	1,000 台（16 寸）	90.00	90,000.00
充电器	1,000 只（36V12AH）	15.00	15,000.00
A 类电器组件小计	1,000 套	138.00	138,000.00
24V8AH 蓄电池	1,000 个	180.00	180,000.00
24V8AH 蓄电池小计	1,000 个	180.00	180,000.00
轮辋	4,000 个	12.00	48,000.00
内胎	4,000 条	6.00	24,000.00
外胎	4,000 条	15.00	60,000.00
飞轮	2,000 个	5.00	10,000.00
A 类车轮总成小计	2,000 套	71.00	142,000.00
前泥板	2,000 个	5.00	10,000.00
后泥板	2,000 个	6.00	12,000.00
后尾反射器	4,000 个	1.00	4,000.00
链条	2,000 根	5.00	10,000.00
链罩	2,000 个	5.00	10,000.00
前后闸	2,000 个	8.00	16,000.00
支架	2,000 个	8.00	16,000.00
衣架	2,000 个	7.00	14,000.00
脚踏板	2,000 个	6.00	12,000.00
工具箱	2,000 个	13.00	26,000.00
裙罩	2,000 个	10.00	20,000.00
A 类车体组件小计	2,000 套	75.00	150,000.00
总计			610,000.00

（二）业务 2

领料单 1 见表 3-3。

表 3-3　领料单 1　　2-1

20×4 年 1 月 1 日

领料单位：生产车间　　凭证编号：NO.0001

用途：生产 GT-01 电动自行车　　发料仓库：二仓库

品名	规格型号	数量 / 套		金额 / 元
		请领	实领	
车架组件	A 类	2,290	2,290	
车轮总成		2,290	2,290	
车把组件		1,790	1,790	
车体组件		1,790	1,790	
电器组件		1,400	1,400	
合计				

领料单位负责人：袁媛　　发料人：王建　　仓库管理员：李幕　　制单：

（三）业务 3

现金支款单 1 见图 3-17。

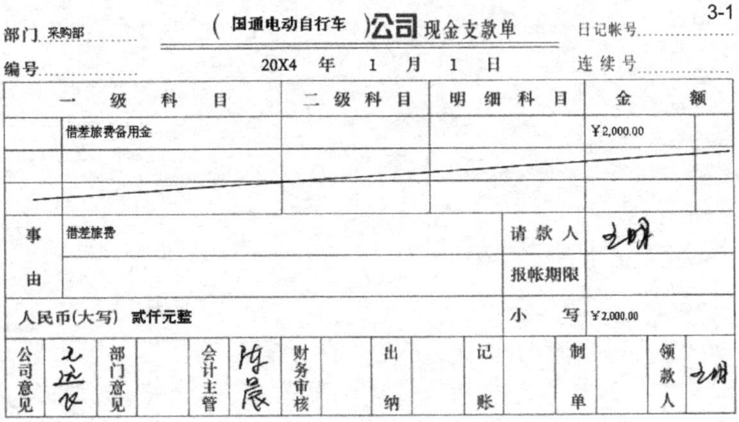
3-1

部门 采购部　（国通电动自行车）公司 现金支款单　日记帐号

编号　20X4 年 1 月 1 日　连续号

一级科目	二级科目	明细科目	金额
借差旅费备用金			¥2,000.00

事由	借差旅费	请款人	王明
		报帐期限	
人民币(大写) 贰仟元整		小写	¥2,000.00

公司意见 王远 部门意见 会计主管 陈晨 财务审核 出纳 记账 制单 领款人 王明

图 3-17　现金支款单 1

（四）业务 4

存根 3 见图 3-18。

图 3-18　存根 3

（五）业务 5

现金支款单 2 见图 3-19。

5-1

（国通电动车）公司 现金支款单

部门 销售部　　　　　　　　　　　日记帐号

编号　　　　20X4 年　1 月　1 日　　　　连续号

一级科目	二级科目	明细科目	金额
借差旅费备用金			¥2,000.00

事由	借差旅费	请款人	
		报帐期限	
人民币(大写)	贰仟元整	小写	¥2,000.00

公司意见		部门意见		会计主管		财务审核		出纳		记账		制单		领款人	

图 3-19　现金支款单 2

（六）业务 6

税收通用缴款书 1 见图 3-20，税收缴款书见图 3-21。

6-1

中华人民共和国
税收通用缴款书　　地

隶属关系：区　　　　（20X1壹）川地涂缴：No 1195098

注册类型：其他有限责任公司（非国有控股）　　填发日期：20X4 年 1 月 1 日　　征收机关：成都高新技术产业开发区地方税务局第三直属税务分局

缴款单位（人）	代码	510109632764552	预算科目	编码	101060109
	全称	成都国通电动自行车有限公司		名称	其他个人所得税
	开户银行	中国工商银行成都天骄支行		级次	中央 60% 省 14% 和区县级 26%
	账号	6222020120010001095	收款国库		国家金库成都市高新区支库（代理）

税款所属时期 20X3-12-01 年 20X3-12-31 日　　税款限缴日期 20X4 年 2 月 5 日

品目名称	课税数量	计税金额或销售收入	税率或单位税额	已缴或扣除额	实缴金额
工资薪金所得	1	30,190.80	0.1		3,019.08
金额合计	（大写）叁仟零壹拾玖元捌分				¥3,019.08

缴款单位（人）（盖章） 经办人（章）	税务机关（盖章） 填票人（章）	上列款项已收妥并划转收款单位帐户。 国库（银行）盖章　年　月　日	备注：01195098 201104 其他 代扣代缴 正常税款 3201303035252652 电子税票号

中国工商银行天骄支行 20X4.01.01 转讫

无银行收讫章无效

第一联（收据）国库（银行）收款盖章后退缴款单位（人）作完税凭证

逾期不缴按税法规定加收滞纳金

图 3-20　税收通用缴款书 1

6-2

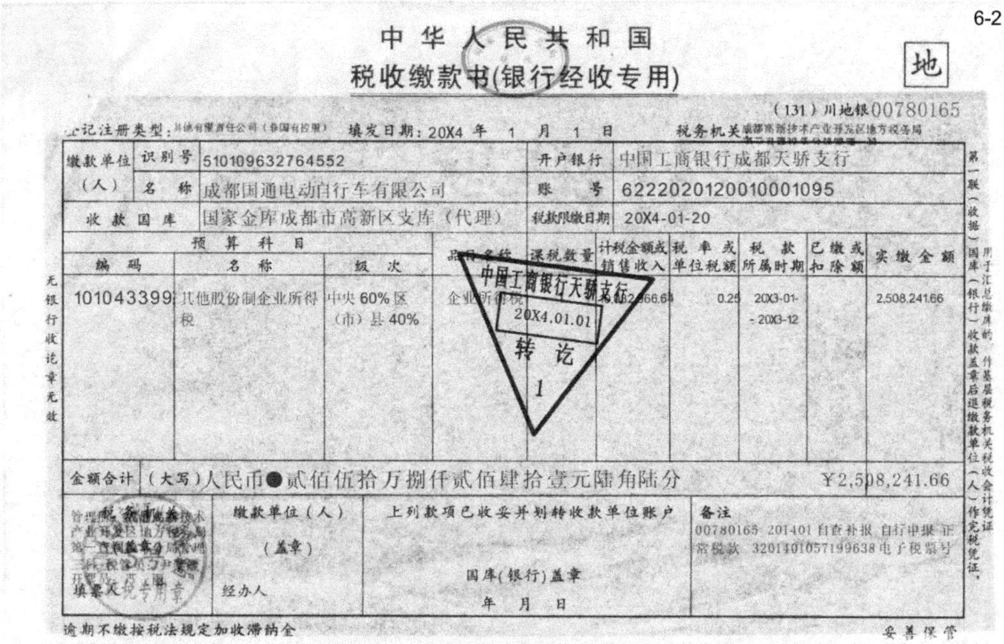

中华人民共和国

税收缴款书(银行经收专用)

地

(131)川地银00780165

登记注册类型：其他有限责任公司（非国有控股） 填发日期：20X4 年 1 月 1 日 税务机关：成都高新技术产业开发区地方税务局

缴款单位（人）	识别号	510109632764552		开户银行	中国工商银行成都天骄支行				
	名称	成都国通电动自行车有限公司		账号	6222020120010001095				
收款国库		国家金库成都市高新区支库（代理）		税款限缴日期	20X4-01-20				
预算科目			品目名称	课税数量	计税金额或销售收入	税率或单位税额	税款所属时期	已缴或扣除额	实缴金额
编码	名称	级次							
101043399	其他股份制企业所得税	中央60%区（市）县40%	企业所得税		[illegible]	0.25	20X3-01--20X3-12		2,508,241.66
金额合计	（大写）人民币贰佰伍拾万捌仟贰佰肆拾壹元陆角陆分								¥2,508,241.66
税务机关（盖章） 填票人	缴款单位（人）（盖章） 经办人		上列款项已收妥并划转收款单位账户 国库（银行）盖章 年 月 日			备注 00780165 201401 自查补报 自行申报 正常税款 3201401057199638 电子税票号			

中国工商银行天骄支行 20X4.01.01 转讫 1

无银行收讫章无效

第一联（收据）国库（银行）收款盖章后退缴款单位（人）作完税凭证，用于汇总缴库的，作基层税务机关税收会计凭证

逾期不缴按税法规定加收滞纳金 妥善保管

图 3-21 税收缴款书

（七）业务 7

领料单 2 见表 3-4。

表 3-4 领料单 2

7-1

20×4 年 1 月 2 日

领料单位：生产车间　　凭证编号：NO.0002

用途：生产 GT-02 电动自行车　　发料仓库：二仓库

品名	规格型号	数量 / 套		金额 / 元
		请领	实领	
车架组件	B 类	1,210	1,210	
车轮总成		1,210	1,210	
车把组件		1,210	1,210	
车体组件		1,210	1,210	
电器组件		800	800	
合计				

领料单位负责人：袁媛　　发料人：王建　　仓库管理员：李幕　　制单：

（八）业务 8

领料单 3 见表 3-5。

（九）业务 9

中国工商银行借款凭证 1 见图 3-22。

表 3-5 领料单 3 8-1

20×4 年 1 月 2 日

领料单位：生产车间　　　　凭证编号：NO.0003

用途：生产产品　　　　发料仓库：周转材料仓库

品名	数量		金额 / 元
	请领	实领	
工作服	52 套	52 套	4,160.00
劳保鞋	55 双	55 双	1,375.00
手套	50 副	50 副	200.00
专业工具	50 套	50 套	10,000.00
合计			15,735.00

领料单位负责人：袁媛　　发料人：王建　　仓库管理员：李幕　　制单：

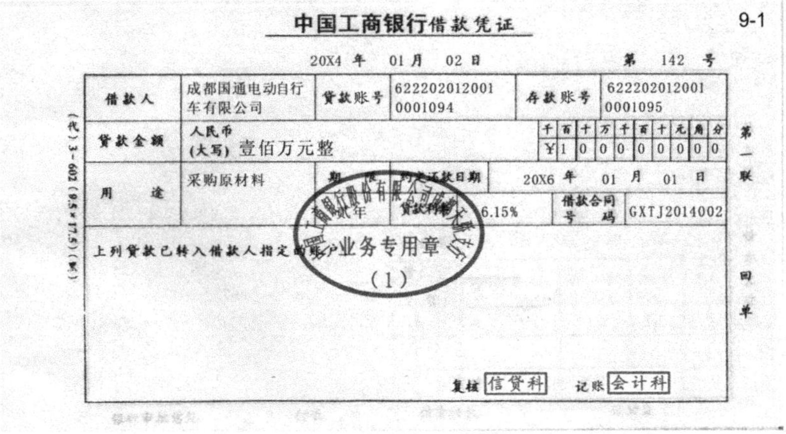

9-1

中国工商银行借款凭证

20X4 年 01 月 02 日　　第 142 号

借款人	成都国通电动自行车有限公司	贷款账号	6222020120010001094	存款账号	6222020120010001095
贷款金额	人民币（大写）壹佰万元整			千百十万千百十元角分	¥100000000
用途	采购原材料	期限	约定还款日期	20X6 年 01 月 01 日	
		贰年	贷款利率 6.15%	借款合同号码	GXTJ2014002

上列贷款已转入借款人指定的账户

业务专用章（1）

复核 信贷科　记账 会计科

第一联 回单

(代)3-602(9.5×17.5)(票)

图 3-22 中国工商银行借款凭证 1

（十）业务 10

中国人民银行小额支付系统专用凭证 1 见图 3-23。

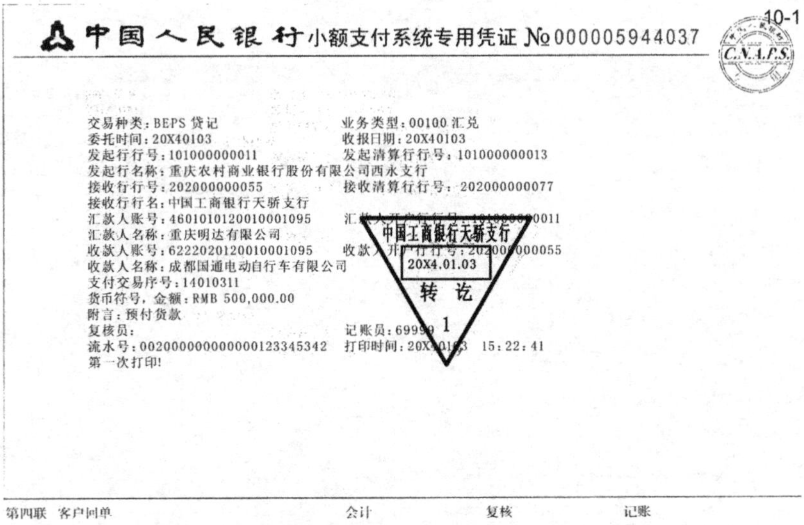

10-1

中国人民银行小额支付系统专用凭证 №000005944037

C.N.A.P.S.

交易种类：BEPS 贷记　　业务类型：00100 汇兑
委托时间：20X40103　　收报日期：20X40103
发起行行号：101000000011　　发起清算行行号：101000000013
发起行名称：重庆农村商业银行股份有限公司西永支行
接收行行号：202000000055　　接收清算行行号：202000000077
接收行行名：中国工商银行天骄支行
汇款人账号：4601010120010001095　　汇款人开户行行号：101000000011
汇款人名称：重庆明达有限公司
收款人账号：6222020120010001095　　收款人开户行行号：202000000055
收款人名称：成都国通电动自行车有限公司
支付交易序号：14010311
货币符号，金额：RMB 500,000.00
附言：预付货款
复核员：　　记账员：6999
流水号：0020000000000000123345342　　打印时间：20X40103 15:22:41
第一次打印!

中国工商银行天骄支行 20X4.01.03 转讫 1

第四联 客户回单　　会计　　复核　　记账

图 3-23 中国人民银行小额支付系统专用凭证 1

（十一）业务 11

差旅费报销单 1 见表 3-6。

表 3-6 差旅费报销单 1

11-1

20×4 年 1 月 4 日　　　　单位：元

姓名		陈明	工作部门		销售部		预借金额		2,000.00
出差事由		销售产品	出差日期		20×4 年 1 月 1 日		返回金额		
出差地点		江苏	出差天数		3 天		应补金额		390.00
日期	启程	到达	车船费		住勤伙食补贴			住宿	市内交通
			交通工具	金额	人 / 天	标准	金额		
1 月 1 日	成都	江苏	火车	630.00	3	50.00	150.00	800.00	180.00
1 月 3 日	江苏	成都	火车	630.00					
合计金额	（小写）￥2,390.00			1,260.00			150.00	800.00	180.00
	（大写）人民币贰仟叁佰玖拾元整								

部门领导：　　会计主管：　　出差人：　　审核：　　制单：

差旅费报销单 2 见图 3-24。

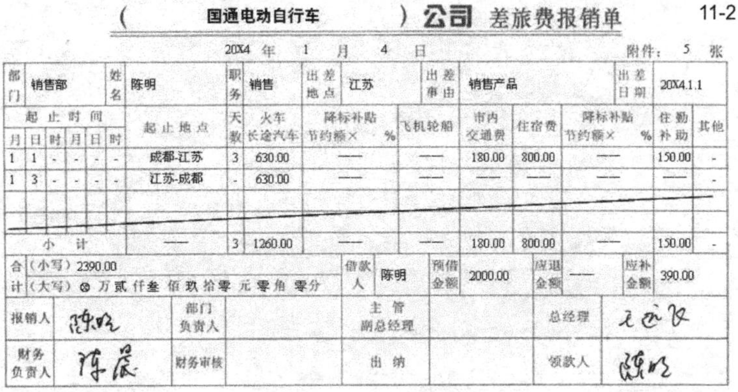

11-2

（　国通电动自行车　）公司 差旅费报销单

20X4 年 1 月 4 日　　附件：5 张

部门	销售部	姓名	陈明	职务	销售	出差地点	江苏	出差事由	销售产品	出差日期	20X4.1.1
起止时间（月 日 时 月 日 时）	起止地点	天数	火车长途汽车	降标补贴节约额× %	飞机轮船	市内交通费	住宿费	降标补贴节约额× %	住勤补助	其他	
1 1 - - - -	成都-江苏	3	630.00	——	——	180.00	800.00	——	150.00	-	
1 3 - - - -	江苏-成都	-	630.00	——	——	——	——	——	——	-	
小计	——	3	1260.00	——	——	180.00	800.00	——	150.00	-	
合计（小写）2390.00	（大写）⊗万贰仟叁佰玖拾零元零角零分	借款人	陈明	预借金额	2000.00	应退金额	——	应补金额	390.00		
报销人		部门负责人		主管副总经理		总经理					
财务负责人		财务审核		出纳		领款人					

图 3-24 差旅费报销单 2

江苏省南京市地方税务局通用机打发票发票联见图 3-25。

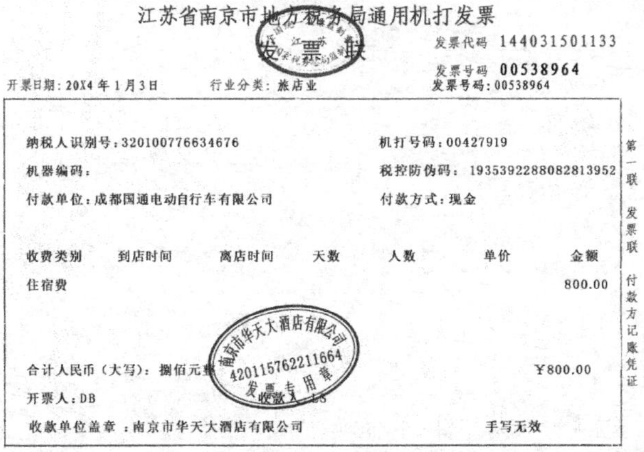

江苏省南京市地方税务局通用机打发票

11-3

发票联

发票代码 144031501133

发票号码 00538964

开票日期：20X4 年 1 月 3 日　　行业分类：旅店业　　发票号码：00538964

纳税人识别号：320100776634676　　机打号码：00427919

机器编码：　　税控防伪码：1935392288082813952

付款单位：成都国通电动自行车有限公司　　付款方式：现金

收费类别	到店时间	离店时间	天数	人数	单价	金额
住宿费						800.00

合计人民币（大写）：捌佰元整　　￥800.00

开票人：DB　　收款人：LS

收款单位盖章：南京市华天大酒店有限公司　　手写无效

第一联 发票联 付款方记账凭证

图 3-25 江苏省南京市地方税务局通用机打发票发票联

火车票、汽车票见图 3-26 ～图 3-29。

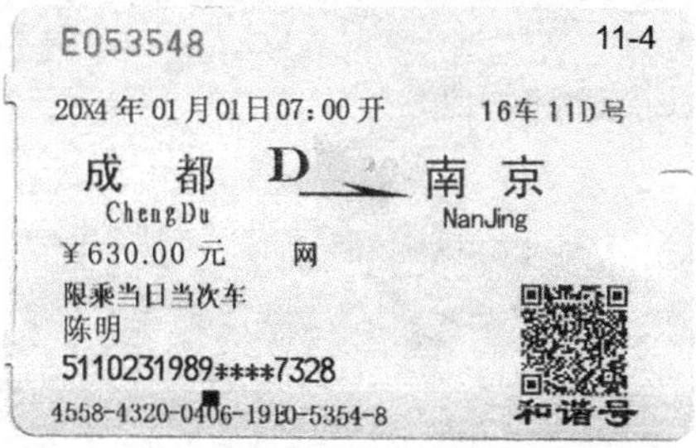
E053548 11-4
20X4 年 01 月 01 日 07:00 开 16车 11D 号
成 都 D 南 京
ChengDu NanJing
¥630.00 元 网
限乘当日当次车
陈明
5110231989****7328
4558-4320-0406-19B0-5354-8
和谐号

图 3-26 火车票 1

M067191 11-5
20X4 年 01 月 03 日 21:07 开 10车 16F 号
南 京 D 成都东
NanJing ChengDuDong
¥630.00 元 网
限乘当日当次车
陈明
5110231989****7328 北广场进站
3514-3300-1104-07M0-6719-1
和谐号

图 3-27 火车票 2

11-6
18／1空港巴士
No.008368
玖 拾 元

1	11	21
2	12	22
3	13	23
4	14	24
5	15	25
6	16	26
7	17	27
8	18	28
9	19	29
10	20	30 31

南京公交电车乘车凭证
南京市公共交通客运票务结算中心监制

图 3-28 汽车票 1

11-7
18／1空港巴士
No.007255
玖 拾 元

1	11	21
2	12	22
3	13	23
4	14	24
5	15	25
6	16	26
7	17	27
8	18	28
9	19	29
10	20	30 31

南京公交电车乘车凭证
南京市公共交通客运票务结算中心监制

图 3-29 汽车票 2

（十二）业务 12

四川增值税专用发票 1 见图 3-30。

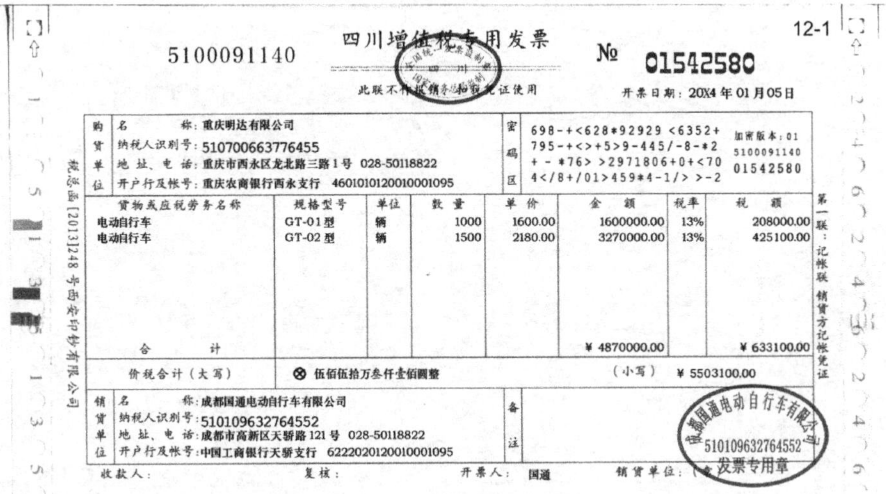
12-1
5100091140 四川增值税专用发票 № 01542580
此联不作报销、扣税凭证使用 开票日期：20X4 年 01 月 05 日

购货单位	名称：重庆明达有限公司 纳税人识别号：510700663776455 地址、电话：重庆市西永区龙北路三路 1 号 028-50118822 开户行及帐号：重庆农商银行西永支行 4601010120010001095			密码区	698-+<628*92929 <6352+ 795-+<>+5>9-445/-8-*2 + - *76> >2971806+0+<70 4</8+/01>459*4-1/> >-2		加密版本：01 5100091140 01542580
货物或应税劳务名称	规格型号	单位	数量	单价	金额	税率	税额
电动自行车	GT-01 型	辆	1000	1600.00	1600000.00	13%	208000.00
电动自行车	GT-02 型	辆	1500	2180.00	3270000.00	13%	425100.00
合计					¥ 4870000.00		¥ 633100.00
价税合计（大写）	⊗ 伍佰伍拾万叁仟壹佰圆整				（小写） ¥ 5503100.00		
销货单位	名称：成都国通电动自行车有限公司 纳税人识别号：510109632764552 地址、电话：成都市高新区天骄路 121 号 028-50118822 开户行及帐号：中国工商银行天骄支行 6222020120010001095			备注			

收款人： 复核： 开票人： 国通 销货单位：（章）

第一联：记帐联 销货方记帐凭证

税总函[2013]248 号西安印钞有限公司

图 3-30 四川增值税专用发票 1

火车票、汽车票见图3-26～图3-29。

图3-26 火车票1

图3-27 火车票2

图3-28 汽车票1

图3-29 汽车票2

（十二）业务12

四川增值税专用发票1见图3-30。

图3-30 四川增值税专用发票1

货物运输业增值税专用发票发票联 2 见图 3-31。

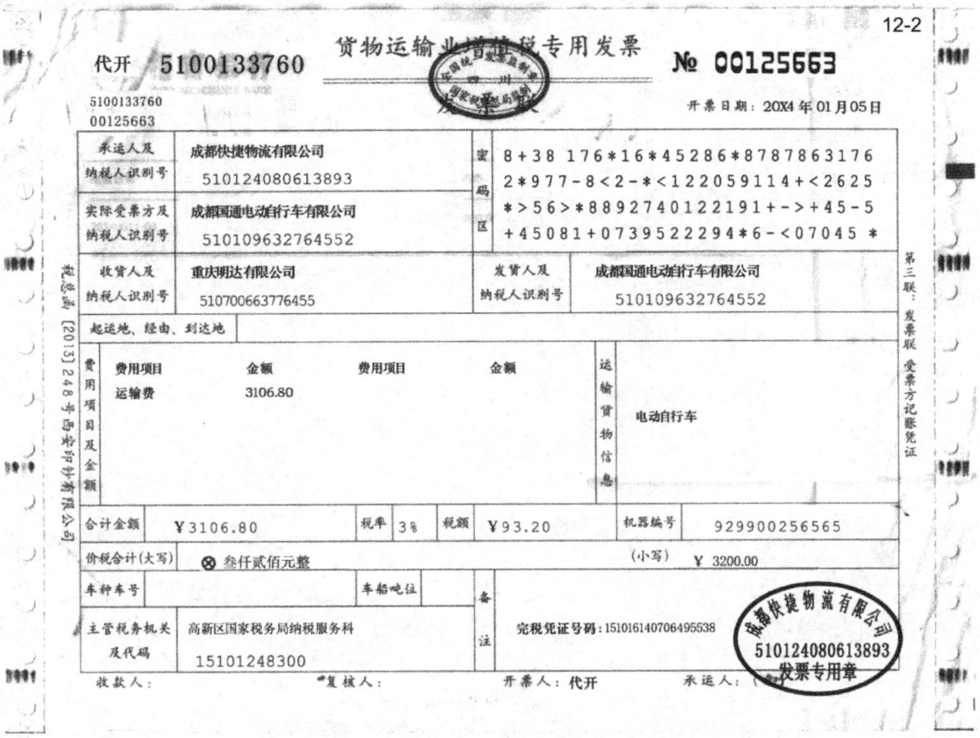
12-2

货物运输业增值税专用发票

代开 5100133760 № 00125663

5100133760
00125663

开票日期：20X4 年 01 月 05 日

承运人及纳税人识别号	成都快捷物流有限公司 510124080613893	密码区	8+38 176*16*45286*8787863176 2*977-8<2-*<122059114+<2625 *>56>*8892740122191+->+45-5 +45081+0739522294*6-<07045 *
实际受票方及纳税人识别号	成都国通电动自行车有限公司 510109632764552		
收货人及纳税人识别号	重庆明达有限公司 510700663776455	发货人及纳税人识别号	成都国通电动自行车有限公司 510109632764552
起运地、经由、到达地			
费用项目及金额	费用项目：运输费 金额：3106.80	运输货物信息	电动自行车
合计金额	¥3106.80　税率 3%　税额 ¥93.20	机器编号	929900256565
价税合计(大写)	⊗ 叁仟贰佰元整	(小写)	¥ 3200.00
车种车号	车船吨位	备注	完税凭证号码：151016140706495538
主管税务机关及代码	高新区国家税务局纳税服务科 15101248300		

收款人：　复核人：　开票人：代开　承运人：

第三联：发票联 受票方记账凭证

税总函[2013]248号西安印钞有限公司

图 3-31　货物运输业增值税专用发票发票联 2

货物运输业增值税专用发票抵扣联 2 见图 3-32。

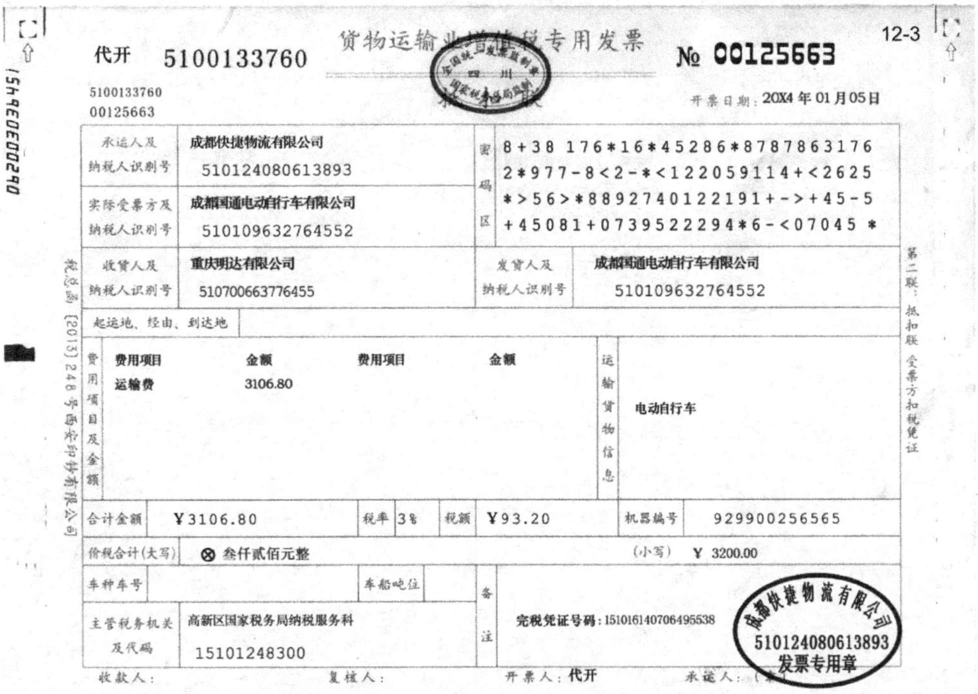
12-3

货物运输业增值税专用发票

代开 5100133760 № 00125663

5100133760
00125663

开票日期：20X4 年 01 月 05 日

承运人及纳税人识别号	成都快捷物流有限公司 510124080613893	密码区	8+38 176*16*45286*8787863176 2*977-8<2-*<122059114+<2625 *>56>*8892740122191+->+45-5 +45081+0739522294*6-<07045 *
实际受票方及纳税人识别号	成都国通电动自行车有限公司 510109632764552		
收货人及纳税人识别号	重庆明达有限公司 510700663776455	发货人及纳税人识别号	成都国通电动自行车有限公司 510109632764552
起运地、经由、到达地			
费用项目及金额	费用项目：运输费 金额：3106.80	运输货物信息	电动自行车
合计金额	¥3106.80　税率 3%　税额 ¥93.20	机器编号	929900256565
价税合计(大写)	⊗ 叁仟贰佰元整	(小写)	¥ 3200.00
车种车号	车船吨位	备注	完税凭证号码：151016140706495538
主管税务机关及代码	高新区国家税务局纳税服务科 15101248300		

收款人：　复核人：　开票人：代开　承运人：

第二联：抵扣联 受票方扣税凭证

税总函[2013]248号西安印钞有限公司

图 3-32　货物运输业增值税专用发票抵扣联 2

费用报销单 3 见图 3-33。

12-4

（国通电动自行车）公司　费用报销单

报销部门：采购部　　20X4 年 1 月 5 日　　附件：1 张

费用项目	类别	单据张数	金额		
报运输费		1	¥3,200.00	借款人（预付单位）	
				借款金额（支/现）	
				应退金额（支/现）	
报销金额合计		1	¥3,200.00	应补金额（支/现）	¥3,200.00
核实金额（大写）⊗ 佰 ⊗ 拾 ⊗ 万 叁 仟 贰 佰 零 拾 零 元 零 角 零 分					

报销人	李梅	部门负责人		主管副总经理		总经理	王达飞
财务负责人	陈晨	财务审核		出纳		领款人	

图 3-33　费用报销单 3

中国人民银行小额支付系统专用凭证 2 见图 3-34。

12-5

中国人民银行 小额支付系统专用凭证 №000005948966

交易种类：BEPS 贷记　　业务类型：00100 汇兑
委托时间：20X40105　　收报日期：20X40105
发起行行号：101000000011　　发起清算行行号：101000000013
发起行名称：重庆农村商业银行股份有限公司西永支行
接收行行号：202000000055　　接收清算行行号：202000000077
接收行行名：中国工商银行天骄支行
汇款人账号：4601010120010000…　　…行号：101000000011
汇款人名称：重庆明达有限公司
收款人账号：6222020120010001095　　…行号：202000000055
收款人名称：成都国通电动自行车有限公司
支付交易序号：14010563
货币符号，金额：RMB 5,003,100.00
附言：预付货款
复核员：　　记帐员：69999
流水号：002000000000000235158742　　打印时间：20X40105　13：45：43
第一次打印！

（印章：中国工商银行天骄支行 20X4.01.05 转讫 1）

第四联　客户回单　　会计　　复核　　记账

图 3-34　中国人民银行小额支付系统专用凭证 2

存根 4 见图 3-35，进账单 3 见图 3-36。

12-6

中国工商银行
转账支票存根
10205132
04057272

附加信息
出票人：成都国通电动自行车有限公司
出票账号：6222020120010001095

出票日期 20X4年 01月05 日
收款人：成都快捷物流有限公司
金　额：¥3200.00
用　途：运费
单位主管　　会计

图 3-35　存根 4

12-7

ICBC 中国工商银行　进账单（回　单）2

20X4 年 01 月 05 日

出票人	全称	成都国通电动自行车有限公司	收款人	全称	成都快捷物流有限公司
	账号	6222020120010001095		账号	6224002120304851874
	开户银行	中国工商银行天骄支行		开户银行	中国工商银行大业支行
金额	人民币（大写）	叁仟贰佰元整		亿千百十万千百十元角分	¥320000
票据种类	转支	票据张数	1		
票据号码	04057272				
运费					

（印章：中国工商银行股份有限公司成都天骄支行 业务专用章（1））

复核　　记账　　开户银行签章

此联是开户银行交给持（出）票人的回单

图 3-36　进账单 3

产品出库单 1 见表 3-7。

表 3-7 产品出库单 1　　12-8

仓库：一仓库　　20×4 年 1 月 4 日　　编号：NO.C0001

编号	名称	数量 / 辆		单位成本 / 元	金额 / 元
		应发	实发		
1	GT-01 型电动自行车	1,000	1,000		
2	GT-02 型电动自行车	1,500	1,500		
合计					

仓库负责人：　　销售部门负责人：　　经办人：

（十三）业务 13

重庆增值税专用发票发票联见图 3-37。

13-1

5309131140　重庆增值税专用发票　№ 01203506

发票联

开票日期：20X4 年 01 月 06 日

购货单位　名称：成都国通电动自行车有限公司　纳税人识别号：510109632764552　地址、电话：成都市高新区天骄路 121 号 028-50118822　开户行及账号：中国工商银行天骄支行 6222020120010001095

密码区：878472+</50/*<-8-+46/ 7-<>9/+92>7-<53->86-1 */<68415-80719706+//> 16-3623<0-0->/<*8>>>/　加密版本：01 5309131140 01203506

货物或应税劳务名称	规格型号	单位	数量	单价	金额	税率	税额
电器组件	B 类	套	1200	197.00	236400.00	13%	30732.00
蓄电池	36v12AH	个	1200	240.00	288000.00	13%	37440.00
车轮总成	B 类	套	1200	86.00	103200.00	13%	13416.00
车架组件	B 类	套	1200	113.00	135600.00	13%	17628.00
车体组件	B 类	套	1200	95.00	114000.00	13%	14820.00
合计					¥ 877200.00		¥ 114036.00

价税合计（大写）⊗ 玖拾玖万壹仟贰佰叁拾陆圆整　（小写）¥ 991236.00

销货单位　名称：昌建有限公司　纳税人识别号：50010766372234　地址、电话：重庆市九龙坡区九江路 212 号 023-66663333　开户行及账号：中国工商银行九江支行 6222000120063983311

备注

收款人：　复核：　开票人：昌建　销货单位：（章）

第三联：发票联 购货方记账凭证

税总函[2013]248 号西安印钞有限公司

图 3-37 重庆增值税专用发票发票联

重庆增值税专用发票抵扣联见图 3-38。

13-2

5309131140　重庆增值税专用发票　№ 01203506

抵扣联

开票日期：20X4 年 01 月 06 日

购货单位　名称：成都国通电动自行车有限公司　纳税人识别号：510109632764552　地址、电话：成都市高新区天骄路 121 号 028-50118822　开户行及账号：中国工商银行天骄支行 6222020120010001095

密码区：878472+</50/*<-8-+46/ 7-<>9/+92>7-<53->86-1 */<68415-80719706+//> 16-3623<0-0->/<*8>>>/　加密版本：01 5309131140 01203506

货物或应税劳务名称	规格型号	单位	数量	单价	金额	税率	税额
电器组件	B 类	套	1200	197.00	236400.00	13%	30732.00
蓄电池	36v12AH	个	1200	240.00	288000.00	13%	37440.00
车轮总成	B 类	套	1200	86.00	103200.00	13%	13416.00
车架组件	B 类	套	1200	113.00	135600.00	13%	17628.00
车体组件	B 类	套	1200	95.00	114000.00	13%	14820.00
合计					¥ 877200.00		¥ 114036.00

价税合计（大写）⊗ 玖拾玖万壹仟贰佰叁拾陆圆整　（小写）¥ 991236.00

销货单位　名称：昌建有限公司　纳税人识别号：50010766372234　地址、电话：重庆市九龙坡区九江路 212 号 023-66663333　开户行及账号：中国工商银行九江支行 6222000120063983311

备注

收款人：　复核：　开票人：昌建　销货单位：（章）

第二联：抵扣联 购货方扣税凭证

税总函[2013]248 号西安印钞有限公司

图 3-38 重庆增值税专用发票抵扣联

货物运输业增值税专用发票发票联 3 见图 3-39。

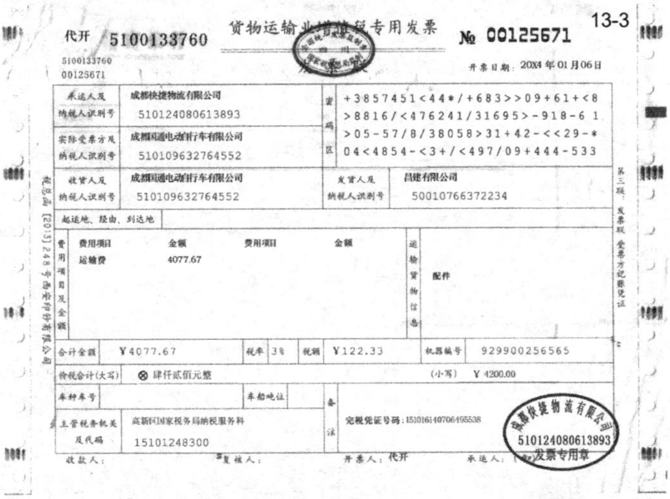
13-3

货物运输业增值税专用发票

代开 5100133760　№ 00125671

5100133760
00125671

开票日期：20X4 年 01 月 06 日

承运人及纳税人识别号	成都快捷物流有限公司 510124080613893	密码区	+3857451<44*/+683>>09+61+<8 >8816/<476241/31695>-918-6 1 >05-57/8/38058>31+42-<<29-* 04<4854-<3+/<497/09+444-533
实际受票方及纳税人识别号	成都国通电动自行车有限公司 510109632764552		
收货人及纳税人识别号	成都国通电动自行车有限公司 510109632764552	发货人及纳税人识别号	昌建有限公司 50010766372234
起运地、经由、到达地			
费用项目及金额	费用项目 运输费　金额 4077.67　费用项目　金额	运输货物信息	配件
合计金额	¥4077.67　税率 3%　税额 ¥122.33	机器编号	929900256565
价税合计（大写）	⊗肆仟贰佰元整	（小写）	¥4200.00
车种车号	车船吨位	备注	完税凭证号码：151016140706495538
主管税务机关及代码	高新区国家税务局纳税服务科 15101248300		

收款人：　复核人：　开票人：代开　承运人：（章）

第三联：发票联　受票方记账凭证

图 3-39　货物运输业增值税专用发票发票联 3

货物运输增值税专用发票抵扣联 3 见图 3-40。

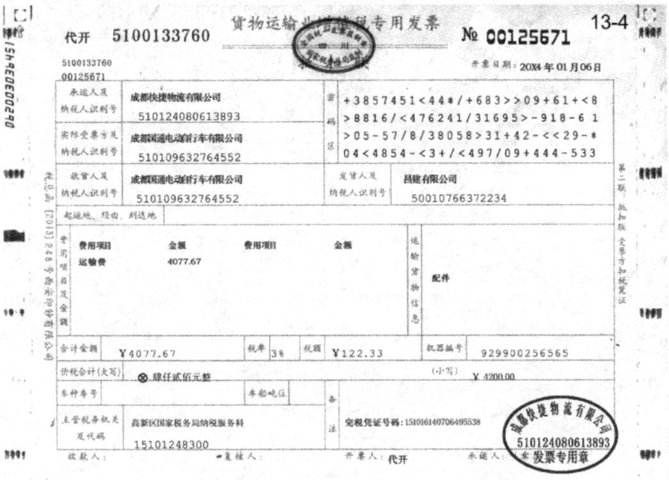
13-4

货物运输业增值税专用发票

代开 5100133760　№ 00125671

5100133760
00125671

开票日期：20X4 年 01 月 06 日

承运人及纳税人识别号	成都快捷物流有限公司 510124080613893	密码区	+3857451<44*/+683>>09+61+<8 >8816/<476241/31695>-918-6 1 >05-57/8/38058>31+42-<<29-* 04<4854-<3+/<497/09+444-533
实际受票方及纳税人识别号	成都国通电动自行车有限公司 510109632764552		
收货人及纳税人识别号	成都国通电动自行车有限公司 510109632764552	发货人及纳税人识别号	昌建有限公司 50010766372234
起运地、经由、到达地			
费用项目及金额	费用项目 运输费　金额 4077.67　费用项目　金额	运输货物信息	配件
合计金额	¥4077.67　税率 3%　税额 ¥122.33	机器编号	929900256565
价税合计（大写）	⊗肆仟贰佰元整	（小写）	¥4200.00
车种车号	车船吨位	备注	完税凭证号码：151016140706495538
主管税务机关及代码	高新区国家税务局纳税服务科 15101248300		

收款人：　复核人：　开票人：代开　承运人：（章）

第二联：抵扣联　受票方扣税凭证

图 3-40　货物运输增值税专用发票抵扣联 3

费用报销单 4 见图 3-41。

（ 国通电动自行车 ）公司　费用报销单　13-5

报销部门：采购部　20X4 年 1 月 6 日　附件：1 张

费用项目	类别	单据张数	金额		
购进原材料		1	¥991,236.00	借款人（预付单位）	
				借款金额（支/现）	
				应退金额（支/现）	
报销金额合计		1	¥991,236.00	应补金额（支/现）	¥991,236.00
核实金额（大写）	玖拾玖万壹仟贰佰叁拾陆元零角零分				
报销人	李梅	部门负责人	主管副总经理	总经理	元远飞
财务负责人	陈晨	财务审核	出纳	领款人	

图 3-41　费用报销单 4

费用报销单 5 见图 3-42。

13-6

（　国通电动自行车　）公司　费用报销单

报销部门：采购部　　20X4 年 1 月 6 日　　附件： 1 张

费用项目	类别	单据张数	金额	借款人（预付单位）	
报运杂费		1	¥4,200.00		
				借款金额（支/现）	
				应退金额（支/现）	
报销金额合计		1	¥4,200.00	应补金额（支/现）	¥4,200.00
核实金额	（大写）⊗ 佰 ⊗ 拾 ⊗ 万 肆 仟 贰 佰 零 拾 零 元 零 角 零 分				
报销人		部门负责人		主管副总经理	总经理
财务负责人		财务审核		出纳	领款人

图 3-42　费用报销单 5

回执 1 见图 3-43，存根 5 见图 3-44。

13-7

ICBC 中国工商银行

业务委托书 回执

川B 00366683

委托人全称	成都国通电动自行车有限公司
委托人账号	6222020120010001095
收款人全称	昌建有限公司
收款人账号	4001010120010001095
金额	¥991,236.00
委托日期	20X4-01-06

此联为银行受理通知书，若委托人申请汇票或本票业务，应凭此联领取汇票或本票。

This paper is the bank acceptance advice. For draft or promissory note application, please return this paper.

（印章：中国工商银行股份有限公司成都天骄支行　业务专用章　（1））

图 3-43　回执 1

13-8

中国工商银行

转账支票存根

10205132

04057273

附加信息

出票人：成都国通电动自行车有限公司

出票账号：6222020120010001095

出票日期 20X4年 01月06 日

收款人：成都快捷物流有限公司

金　额：¥4200.00

用　途：运费

单位主管　　会计

图 3-44　存根 5

进账单 4 见图 3-45。

13-9

ICBC 中国工商银行　进账单（回　单）2

20X4 年 01 月 06 日

出票人	全称	成都国通电动自行车有限公司	收款人	全称	成都快捷物流有限公司
	账号	6222020120010001095		账号	6224002120304851874
	开户银行	中国工商银行天骄支行		开户银行	中国工商银行大业支行
金额	人民币（大写）	肆仟贰佰元整		亿千百十万千百十元角分	¥420000
票据种类	转支	票据张数	1		
票据号码	04057273				
运费					
	复核　记账				开户银行签章

此联是开户银行交给持（出）票人的回单

（印章：中国工商银行股份有限公司成都天骄支行　业务专用章　（1））

图 3-45　进账单 4

入库单见图 3-46 ～图 3-51。

13-10

入　　库　　单　　№ 0026932

入库部门：采购部　　　20X4 年　1　月　6　日

通知单号	编号	种类	名称	规格	数量		单位	单价	成本总额									明细账	
					送缴	实收			百	十	万	千	百	十	元	角	分	号	页
	B01.001	B类	控制器	48V500W 无刷	1200	1200	个	55.00		¥	6	6	0	0	0	0	0		
	B01.002	B类	电机	18寸	1200	1200	个	120.00	¥	1	4	4	0	0	0	0	0		
	B01.003	B类	充电器	36V12AH	1200	1200	个	22.00		¥	2	6	4	0	0	0	0		
备注	供货方：昌建有限公司						合计		¥	2	3	6	4	0	0	0	0		

负责人 李嘉　　记账　　收货人 王建　　制单 王建

二 仓库

图 3-46　入库单 7

13-11

入　　库　　单　　№ 0026933

入库部门：采购部　　　20X4 年　1　月　6　日

通知单号	编号	种类	名称	规格	数量		单位	单价	成本总额									明细账	
					送缴	实收			百	十	万	千	百	十	元	角	分	号	页
	B02.001	B类	轮辋		2400	2400	个	16.00		¥	3	8	4	0	0	0	0		
	B02.002	B类	内胎		2400	2400	条	6.00		¥	1	4	4	0	0	0	0		
	B02.003	B类	外胎		2400	2400	条	18.00		¥	4	3	2	0	0	0	0		
	B02.004	B类	飞轮		1200	1200	个	6.00			¥	7	2	0	0	0	0		
备注	供货方：昌建有限公司						合计		¥	1	0	3	2	0	0	0	0		

负责人 李嘉　　记账　　收货人 王建　　制单 王建

二 仓库

图 3-47　入库单 8

13-12

入　　库　　单　　№ 0026934

入库部门：采购部　　　20X4 年　1　月　6　日

通知单号	编号	种类	名称	规格	数量		单位	单价	成本总额									明细账	
					送缴	实收			百	十	万	千	百	十	元	角	分	号	页
	B03.001	B类	中轴		1200	1200	根	5.00			¥	6	0	0	0	0	0		
	B03.002	B类	前叉		1200	1200	套	16.00		¥	1	9	2	0	0	0	0		
	B03.003	B类	主车架		1200	1200	个	31.00		¥	3	7	2	0	0	0	0		
	B03.004	B类	鞍座		1200	1200	个	28.00		¥	3	3	6	0	0	0	0		
	B03.005	B类	链轮曲柄		1200	1200	个	18.00		¥	2	1	6	0	0	0	0		
备注	供货方：昌建有限公司						合计		¥	1	1	7	6	0	0	0	0		

负责人 李嘉　　记账　　收货人 王建　　制单 王建

二 仓库

图 3-48　入库单 9

13-13

入　库　单

№ 0026935

入库部门：采购部　　　　20X4 年　1　月　6　日

通知单号	编号	种类	名　称	规格	数量		单位	单价	成本总额									明细账	
					送缴	实收			百	十	万	千	百	十	元	角	分	号	页
	B03.006	B类	护板		1200	1200	付	15.00		¥	1	8	0	0	0	0	0		
	B04.001	B类	前泥板		1200	1200	个	5.00			¥	6	0	0	0	0	0		
	B04.002	B类	后泥板		1200	1200	个	6.00			¥	7	2	0	0	0	0		
	B04.003	B类	后尾反射器		2400	2400	个	2.00			¥	4	8	0	0	0	0		
	B04.004	B类	链条		1200	1200	根	5.00			¥	6	0	0	0	0	0		
备　注	供货方：昌建有限公司						合　计			¥	4	2	0	0	0	0	0		

二
仓
库

负责人 李慕　　记账　　收货人 王建　　制单 王建

图 3-49　入库单 10

13-14

入　库　单

№ 0026936

入库部门：采购部　　　　20X4 年　1　月　6　日

通知单号	编号	种类	名　称	规格	数量		单位	单价	成本总额									明细账	
					送缴	实收			百	十	万	千	百	十	元	角	分	号	页
	B04.005	B类	链罩		1200	1200	个	5.00			¥	6	0	0	0	0	0		
	B04.006	B类	前后闸		1200	1200	个	9.00		¥	1	0	8	0	0	0	0		
	B04.007	B类	支架		1200	1200	个	12.00		¥	1	4	4	0	0	0	0		
	B04.008	B类	衣架		1200	1200	个	15.00		¥	1	8	0	0	0	0	0		
	B04.009	B类	脚踏板		1200	1200	个	6.00			¥	7	2	0	0	0	0		
备　注	供货方：昌建有限公司						合　计			¥	5	6	4	0	0	0	0		

二
仓
库

负责人 李慕　　记账　　收货人 王建　　制单 王建

图 3-50　入库单 11

13-15

入　库　单

№ 0026937

入库部门：采购部　　　　20X4 年　1　月　6　日

通知单号	编号	种类	名　称	规格	数量		单位	单价	成本总额									明细账	
					送缴	实收			百	十	万	千	百	十	元	角	分	号	页
	B04.010	B类	工具箱		1200	1200	个	18.00		¥	2	1	6	0	0	0	0		
	B04.011	B类	裙罩		1200	1200	个	10.00		¥	1	2	0	0	0	0	0		
备　注	供货方：昌建有限公司						合　计			¥	3	3	6	0	0	0	0		

二
仓
库

负责人 李慕　　记账　　收货人 王建　　制单 王建

图 3-51　入库单 12

运杂费分配表 2 见表 3-8，货物清单 2 见表 3-9。

表 3-8 运杂费分配表 2

13-16

20×4 年 1 月 6 日

货物名称	应借记科目	分配标准 / 套	分配率 /%	应分配金额 / 元
B 类电器组件	原材料			
36V12AH 蓄电池	原材料			
B 类车轮总成	原材料			
B 类车架组件	原材料			
B 类车体组件	原材料			
合计				

会计主管： 审核： 制单：

表 3-9 货物清单 2

13-17

名称	数量	单价 / 元	金额 / 元
控制器	1,200 个（48V500W 无刷）	55.00	66,000.00
电机	1,200 台（18 寸）	120.00	144,000.00
充电器	1,200 只（48V20AH）	22.00	26,400.00
B 类电器组件小计	1,200 套	197.00	236,400.00
36V12AH 蓄电池	1,200 个	240.00	288,000.00
36V12AH 蓄电池小计	1,200 套	240.00	288,000.00
轮辋	2,400 个	16.00	38,400.00
内胎	2,400 条	6.00	14,400.00
外胎	2,400 条	18.00	43,200.00
飞轮	1,200 个	6.00	7,200.00
B 类车轮总成小计	1,200 套	86.00	103,200.00
中轴	1,200 根	5.00	6,000.00
前叉	1,200 套	16.00	19,200.00
主车架	1,200 个	31.00	37,200.00
鞍座	1,200 个	28.00	33,600.00
链轮曲柄	1,200 个	18.00	21,600.00
护板	1,200 付	15.00	18,000.00
B 类车架组件小计	1,200 套	113.00	135,600.00
前泥板	1,200 个	5.00	6,000.00
后泥板	1,200 个	6.00	7,200.00
后尾反射器	2,400 个	2.00	4,800.00
链条	1,200 根	5.00	6,000.00
链罩	1,200 个	5.00	6,000.00
前后闸	1,200 个	9.00	10,800.00
支架	1,200 个	12.00	14,400.00
衣架	1,200 个	15.00	18,000.00
脚踏板	1,200 个	6.00	7,200.00
工具箱	1,200 个	18.00	21,600.00
裙罩	1,200 个	10.00	12,000.00
B 类车体组件小计	1,200 套	95.00	114,000.00
总计			877,200.00

（十四）业务 14

费用报销单 5 见图 3-52，发票联 1 见图 3-53。

14-1

（ 国通电动自行车 ）公司　费用报销单

报销部门：销售部　　20X4 年 1 月 7 日　　附件：1 张

费用项目	类别	单据张数	金额	借款人（预付单位）	
业务招待费		1	¥750.00		
				借款金额（支/现）	
				应退金额（支/现）	
报销金额合计		1	¥750.00	应补金额（支/现）	¥750.00
核实金额（大写）⊗ 佰 ⊗ 拾 ⊗ 万 ⊗ 仟 柒 佰 伍 拾 零 元 零 角 零 分					
报销人	熊珍	部门负责人		主管副总经理	总经理 毛运飞
财务负责人	陈晨	财务审核		出纳	领款人 熊珍

图 3-52　费用报销单 5

14-2

四川省成都……发票（有奖）

发票联

发票代码 251011143010

发票号码 05310657

密　码

税务登记号：5101000740331673

客户：成都国通电动自行车有限公司

20X4-01-06　　20:33:57

餐饮费　　750.00

小计：　　¥750.00

现金付款：　　¥750.00

合计（大写）：柒佰伍拾元整

防伪码：0001 000C SA5186FD ABCA

成都大饭店有限公司

电话：028-54478888

地址：成都市高新区天骄路 13 号

2-0000000888-000014752148624

兑奖联

发票代码 251011143010

发票号码 05310657

图 3-53　发票联 1

（十五）业务 15

转账支票请领单 1 见图 3-54，回执 2 见图 3-55。

15-1

（ 成都国通电动自行车有限 ）公司　转账支票请领单

部门　　20X4 年 1 月 8 日　　第　　号

支票金额	小写	¥6,442,312.82	支票号数		请领日期	20X4.1.8
	大写	陆佰肆拾肆万贰仟叁佰壹拾贰元捌角贰分			签发日期	
收款单位名称		昌建有限公司			款项用途	支付货款
收款人开户行		中国工商银行九江支行			账号	6222000120063983311
公司负责人审批		毛运飞			报账期限	
部门负责人审批			支票领取人签名		刘砍	

会计主管 陈晨　　稽核　　出纳

图 3-54　转账支票请领单 1

15-2

ICBC 中国工商银行

业务委托书 回执

川B 00366684

委托人全称	成都国通电动自行车有限公司
委托人账号	6222020120010001095
	昌建有限公司
收款人账号	6222000120063983311
金额	¥6,442,312.82
委托日期	20X4-01-08

中国工商银行股份有限公司成都天府支行 业务专用章（1）

此联为银行受理通知书，若委托人申请汇票或本票业务，应凭此联领取汇票或本票。

This paper is the bank acceptance advice. For draft or promissory note application, please return this paper.

图 3-55　回执 2

（十六）业务 16

费用报销单 6 见图 3-56，存根 6 见图 3-57。

16-1

（ 国通电动自行车 ）公司　费用报销单

报销部门：　　20X4 年 1 月 8 日　　附件： 1 张

费用项目	类别	单据张数	金额	借款人（预付单位）	
广告费		1	¥13,000.00		
				借款金额（支/现）	
				应退金额（支/现）	
报销金额合计		1	¥13,000.00	应补金额（支/现）	¥13,000.00
核实金额（大写）⊗ 佰 ⊗ 拾 壹 万 叁 仟 零 佰 零 拾 零 元 零 角 零 分					
报销人	孙亮	部门负责人		主管副总经理	总经理　毛远飞
财务负责人	陈晨	财务审核		出纳	领款人　孙亮

图 3-56　费用报销单 6

16-2

中国工商银行
转账支票存根
10205132
04057275

附加信息

出票人：成都国通电动自行车有限公司
出票账号：6222020120010001095

出票日期 20X4年 01月 08日

收款人：成都蓉城卫视有限公司
金　额：¥13,000.00
用　途：广告费

单位主管　　会计

图 3-57　存根 6

进账单 5 见图 3-58。

16-3

ICBC 中国工商银行　进账单（回　单）2

20X4 年 01 月 08 日

出票人	全称	成都国通电动自行车有限公司	收款人	全称	成都蓉城卫视有限公司
	账号	6222020120010001095		账号	6222020300449000302
	开户银行	中国工商银行天骄支行		开户银行	中国工商银行锦江支行
金额	人民币（大写）	壹万叁仟元整		亿千百十万千百十元角分	¥1300000
票据种类	转支	票据张数 1（1）			
票据号码	04057275				
广告费		复核　记账			开户银行签章

此联是开户银行交给持（出）票人的回单

业务专用章

图 3-58　进账单 5

四川省广告业统一发票发票联见图 3-59。

16-4

四川省广告业统一发票

发票联

开票日期：20X4-01-08　　发票代码：235060972060

客户名称：成都国通电动自行车有限公司　　发票号码：00011051

项目	单位	数量	单价	金额
广告费				13000.00
合计人民币（大写）：壹万叁仟元整				¥：13000.00

第一联　发票联

发票专用章：　　收款人：　　开票人 蓉城卫视

成都蓉城卫视有限公司 5101046039555278 发票专用章

图 3-59　四川省广告业统一发票发票联

（十七）业务 17

差旅费报销单 3 见表 3-10，收据 1 见图 3-60。

表 3-10　差旅费报销单 3　　17-1

20×4 年 1 月 8 日　　单位：元

<table>
<tr><td colspan="2">姓名</td><td>王明</td><td colspan="2">工作部门</td><td>采购部</td><td colspan="2">预借金额</td><td colspan="2">2,000.00</td></tr>
<tr><td colspan="2">出差事由</td><td>采购原材料</td><td colspan="2">出差日期</td><td>20×4.1.1</td><td colspan="2">返回金额</td><td colspan="2">315.00</td></tr>
<tr><td colspan="2">出差地点</td><td>重庆</td><td colspan="2">出差天数</td><td>6 天</td><td colspan="2">应补金额</td><td colspan="2"></td></tr>
<tr><td rowspan="2">日期</td><td rowspan="2">启程</td><td rowspan="2">到达</td><td colspan="2">车船费</td><td colspan="3">住勤伙食补贴</td><td rowspan="2">住宿</td><td rowspan="2">市内交通</td></tr>
<tr><td>交通工具</td><td>金额</td><td>人 / 天</td><td>标准</td><td>金额</td></tr>
<tr><td>1 月 1 日—1 月 6 日</td><td>成都</td><td>重庆</td><td>火车</td><td>200.00</td><td>6</td><td>50.00</td><td>300.00</td><td>1,000.00</td><td>185.00</td></tr>
<tr><td></td><td></td><td></td><td></td><td></td><td></td><td></td><td></td><td></td><td></td></tr>
<tr><td></td><td></td><td></td><td></td><td></td><td></td><td></td><td></td><td></td><td></td></tr>
<tr><td></td><td></td><td></td><td></td><td></td><td></td><td></td><td></td><td></td><td></td></tr>
<tr><td rowspan="2">合计金额</td><td colspan="3">（小写）￥1685.00</td><td>200.00</td><td></td><td></td><td>300.00</td><td>1,000.00</td><td>185.00</td></tr>
<tr><td colspan="9">（大写）人民币壹仟陆佰捌拾伍元整</td></tr>
</table>

部门领导：　　会计主管：　　出差人：　　审核：　　制单：

17-2

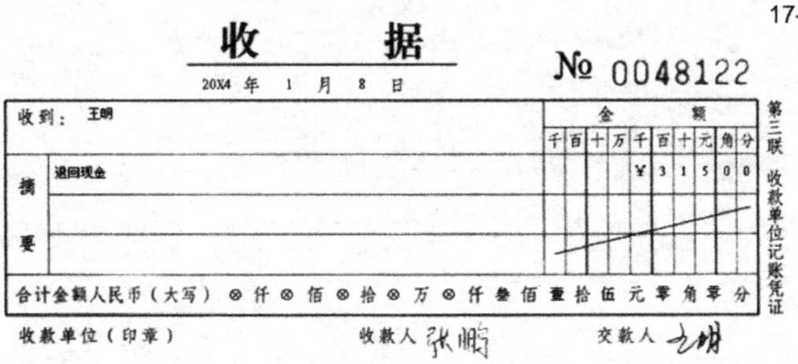

收　据

№ 0048122

20X4 年 1 月 8 日

	金额（千 百 十 万 千 百 十 元 角 分）
收到：王明	
摘要：退回现金	¥ 3 1 5 0 0
合计金额人民币（大写）⊗仟⊗佰⊗拾⊗万⊗仟叁佰壹拾伍元零角零分	

收款单位（印章）　　收款人 张鹏　　交款人 王明

第三联 收款单位记账凭证

图 3-60　收据 1

（十八）业务 18

四川省成都市地方税务局通用手工发票发票联见图 3-61。

18-1

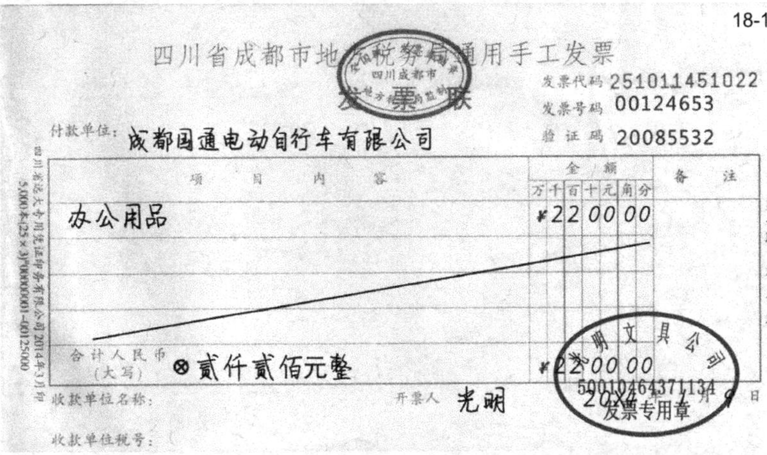

四川省成都市地方税务局通用手工发票

发票联

发票代码 251011451022

发票号码 00124653

验证码 20085532

付款单位：成都国通电动自行车有限公司

项目内容	金额（万 千 百 十 元 角 分）	备注
办公用品	¥22 00 00	
合计人民币（大写）⊗贰仟贰佰元整	¥22 00 00	

收款单位名称：　　开票人 光明　　20X4 年 1 月 9 日

收款单位税号：

明文具公司 500104643711134 发票专用章

第一联 发票联

图 3-61　四川省成都市地方税务局通用手工发票发票联

存根 7 见图 3-62，进账单 6 见图 3-63。

18-2

中国工商银行
转账支票存根
10205132
04057276

附加信息
出票人：成都国通电动自行车有限公司
出票账号：6222020120010001095

出票日期 20X4年 01月 09日

收款人：光明文具公司

金　额：¥2,200.00
用　途：货款

单位主管　　会计

18-3

ICBC 中国工商银行　进账单（回　单）2

20X4 年 01 月 09 日

出票人	全　称	成都国通电动自行车有限公司	收款人	全　称	光明文具公司
	账　号	6222020120010001095		账　号	6222000120063896161
	开户银行	中国工商银行天骄支行		开户银行	中国工商银行平安支行
金额	人民币（大写）	贰仟贰佰元整			¥220000
票据种类	转支	票据张数	1		
票据号码	04057276				

货款

复核　记账　　开户银行签章

中国工商银行股份有限公司成都天骄支行 业务专用章（1）

此联是开户银行交给持（出）票人的回单

图 3-62　存根 7　　　图 3-63　进账单 6

费用报销单 7 见图 3-64。

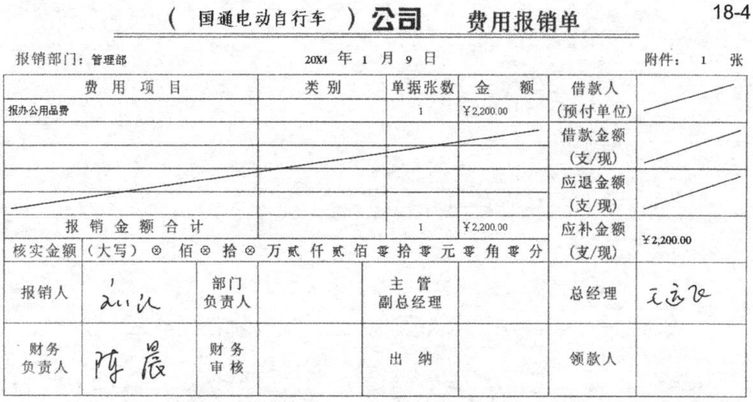

18-4

（国通电动自行车）公司　费用报销单

报销部门：管理部　　20X4 年 1 月 9 日　　附件：1 张

费用项目	类别	单据张数	金额		
报办公用品费		1	¥2,200.00	借款人（预付单位）	
				借款金额（支/现）	
				应退金额（支/现）	
报销金额合计		1	¥2,200.00	应补金额（支/现）	¥2,200.00
核实金额（大写）⊗ 佰 ⊗ 拾 ⊗ 万 贰 仟 贰 佰 零 拾 零 元 零 角 零 分					
报销人	部门负责人	主管副总经理		总经理	
财务负责人 陈晨	财务审核	出纳		领款人	

图 3-64　费用报销单 7

零星办公用品发放清单见表 3-11。

表 3-11　零星办公用品发放清单　　18-5

名称	数量	单价 / 元	金额 / 元
签字笔	100 支	2.00	200.00
笔记本	20 本	14.00	280.00
稿纸	100 本	3.00	300.00
胶水	20 瓶	3.00	60.00
订书机	10 个	30.00	300.00
订书针	10 盒	5.00	50.00
文件夹	28 个	8.00	224.00
文件盒	20 个	20.00	400.00
会计账簿	10 本	15.00	150.00
会计凭证	30 本	5.00	150.00
印泥	6 个	6.00	36.00
复写纸	5 盒	10.00	50.00
	合计		2,200.00

会计主管：　　审核：　　行政管理部门负责人：　　制单：

（十九）业务 19

四川增值税专用发票发票联 2 见图 3-65。

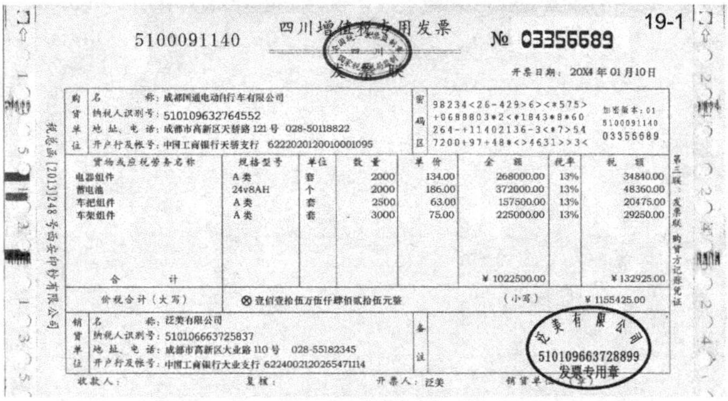

19-1

5100091140　四川增值税专用发票　№ 03356689

发票联　开票日期：20X4年01月10日

购买方	
名称	成都国通电动自行车有限公司
纳税人识别号	510109632764552
地址、电话	成都市高新区天骄路 121 号 028-50118822
开户行及账号	中国工商银行天骄支行 6222020120010001095
密码区	98234<26-429>6><*575> +0688803*2<*1843*8*60 264-+11402136-3<*7>54 7200+97+48*<>4631>>3<
加密版本	01 5100091140 03356689

货物或应税劳务名称	规格型号	单位	数量	单价	金额	税率	税额
电器组件	A类	套	2000	134.00	268000.00	13%	34840.00
蓄电池	24v8AH	个	2000	186.00	372000.00	13%	48360.00
车把组件	A类	套	2500	63.00	157500.00	13%	20475.00
车架组件	A类	套	3000	75.00	225000.00	13%	29250.00
合计					¥ 1022500.00		¥ 132925.00
价税合计（大写）	⊗壹佰壹拾伍万伍仟肆佰贰拾伍元整				（小写）¥ 1155425.00		

销售方	
名称	泛美有限公司
纳税人识别号	510106663725837
地址、电话	成都市高新区大业路 110 号 028-55182345
开户行及账号	中国工商银行大业支行 6224002120265471114
备注	

泛美有限公司 510109663728899 发票专用章

收款人：　复核：　开票人：泛美　销货单位（章）

税总函[2013]248号西安印钞有限公司

第三联：发票联 购货方记账凭证

图 3-65　四川增值税专用发票发票联 2

四川增值税专用发票抵扣联 2 见图 3-66。

19-2

5100091140　四川增值税专用发票　№ 03356689

抵扣联　开票日期：20X4年01月10日

购买方	
名称	成都国通电动自行车有限公司
纳税人识别号	510109632764552
地址、电话	成都市高新区天骄路 121 号 028-50118822
开户行及账号	中国工商银行天骄支行 6222020120010001095
密码区	98234<26-429>6><*575> +0688803*2<*1843*8*60 264-+11402136-3<*7>54 7200+97+48*<>4631>>3<
加密版本	01 5100091140 03356689

货物或应税劳务名称	规格型号	单位	数量	单价	金额	税率	税额
电器组件	A类	套	2000	134.00	268000.00	13%	34840.00
蓄电池	24v8AH	个	2000	186.00	372000.00	13%	48360.00
车把组件	A类	套	2500	63.00	157500.00	13%	20475.00
车架组件	A类	套	3000	75.00	225000.00	13%	29250.00
合计					¥ 1022500.00		¥ 132925.00
价税合计（大写）	⊗壹佰壹拾伍万伍仟肆佰贰拾伍元整				（小写）¥ 1155425.00		

销售方	
名称	泛美有限公司
纳税人识别号	510106663725837
地址、电话	成都市高新区大业路 110 号 028-55182345
开户行及账号	中国工商银行大业支行 6224002120265471114
备注	

泛美有限公司 510109663728899 发票专用章

收款人：　复核：　开票人：泛美　销货单位（章）

税总函[2013]248号西安印钞有限公司

第二联：抵扣联 购货方扣税凭证

图 3-66　四川增值税专用发票抵扣联 2

货物运输业增值税专用发票发票联 4 见图 3-67。

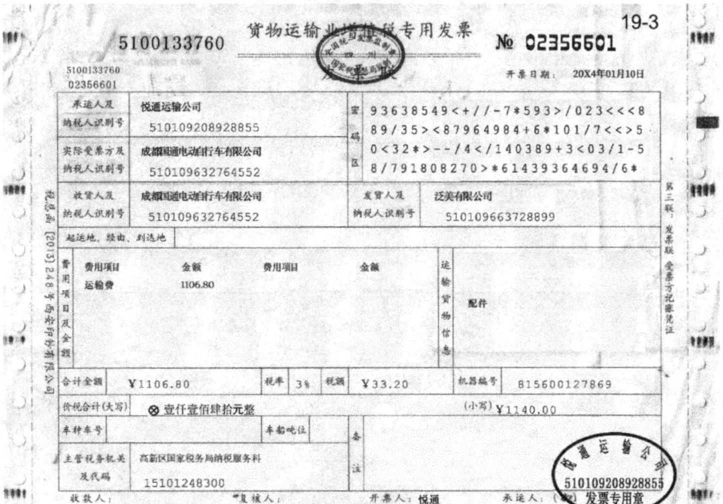

19-3

5100133760　货物运输业增值税专用发票　№ 02356601

5100133760 02356601　开票日期：20X4年01月10日

承运人及纳税人识别号	悦通运输公司 510109208928855	密码区	93638549<+//-7*593>/023<<<8 89/35><87964984+6*101/7<<>5 0<32*>--/4</140389+3<03/1-5 8/791808270>*61439364694/6*
实际受票方及纳税人识别号	成都国通电动自行车有限公司 510109632764552		
收货人及纳税人识别号	成都国通电动自行车有限公司 510109632764552	发货人及纳税人识别号	泛美有限公司 510109663728899
起运地、经由、到达地			
费用项目及金额	费用项目：运输费　金额：1106.80	运输货物信息	配件
合计金额	¥1106.80　税率 3%　税额 ¥33.20	机器编号	815600127869
价税合计(大写)	⊗壹仟壹佰肆拾元整	(小写)	¥1140.00
车种车号		车船吨位	
主管税务机关及代码	高新区国家税务局纳税服务科 15101248300	备注	

悦通运输公司 510109208928855 发票专用章

收款人：　复核人：　开票人：悦通　承运人：(章)

税总函[2013]248号西安印钞有限公司

第三联：发票联 受票方记账凭证

图 3-67　货物运输业增值税专用发票发票联 4

货物运输业增值税专用发票抵扣联 4 见图 3-68。

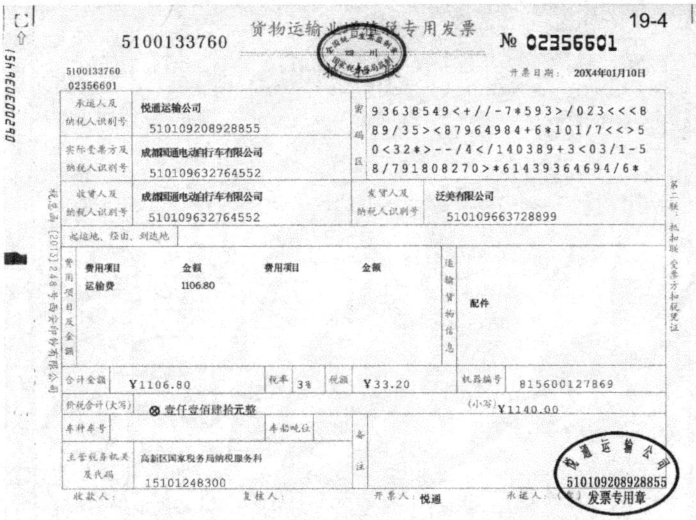

19-4

5100133760　货物运输业增值税专用发票　№ 02356601

5100133760
02356601

开票日期：20X4年01月10日

承运人及纳税人识别号：悦通运输公司 510109208928855

密码区：93638549<+//-7*593>/023<<<8 89/35><87964984+6*101/7<<>5 0<32*>--/4</140389+3<03/1-5 8/791808270>*61439364694/6*

实际受票方及纳税人识别号：成都国通电动自行车有限公司 510109632764552

收货人及纳税人识别号：成都国通电动自行车有限公司 510109632764552

发货人及纳税人识别号：泛美有限公司 510109663728899

起运地、经由、到达地

费用项目及金额：费用项目 运输费　金额 1106.80

运输货物信息：配件

合计金额 ¥1106.80　税率 3%　税额 ¥33.20　机器编号 815600127869

价税合计（大写）⊗壹仟壹佰肆拾元整　（小写）¥1140.00

车种车号　车船吨位　备注

主管税务机关及代码：高新区国家税务局纳税服务科 15101248300

收款人：　复核人：　开票人：悦通　承运人：（章）

悦通运输公司 510109208928855 发票专用章

第二联：抵扣联　受票方扣税凭证

图 3-68　货物运输业增值税专用发票抵扣联 4

存根 8 见图 3-69，进账单 7 见图 3-70。

19-5

中国工商银行
转账支票存根
10205132
04057280

附加信息
出票人：成都国通电动自行车有限公司
出票账号：6222020120010001095

出票日期 20X4年 01月 10日

收款人：泛美有限公司

金　额：¥1,155,425.00
用　途：货款

单位主管　会计

图 3-69　存根 8

19-6

ICBC 中国工商银行　进账单（回　单）2

20X4年 01 月 10 日

出票人	全称	成都国通电动自行车有限公司	收款人	全称	泛美有限公司
	账号	6222020120010001095		账号	6224002120265471118
	开户银行	中国工商银行天骄支行		开户银行	中国工商银行大业支行
金额	人民币（大写）	壹佰壹拾伍万伍仟肆佰贰拾伍元整		亿千百十万千百十元角分	¥115542500
票据种类	转支	票据张数	1		
票据号码	04057280				

货款

复核　记账　开户银行签章

中国工商银行股份有限公司成都天骄支行 业务专用章（1）

此联是开户银行交给持（出）票人的回单

图 3-70　进账单 7

费用报销单 8 见图 3-71。

（ 国通电动自行车 ）公司　费用报销单　19-7

报销部门：采购部　20X4 年 1 月 10 日　附件：1 张

费用项目	类别	单据张数	金额	借款人（预付单位）	泛美有限公司
购进原材料		1	¥1,155,425.00	借款金额（支/现）	¥1,155,425.00
				应退金额（支/现）	
报销金额合计		1	¥1,155,425.00	应补金额（支/现）	
核实金额（大写）壹佰壹拾伍万伍仟肆佰贰拾伍元零角零分					
报销人	讯i	部门负责人	主管副总经理	总经理	王远飞
财务负责人	陈晨	财务审核	出纳	领款人	

图 3-71　费用报销单 8

转账支票请领单 2 见图 3-72。

19-8

（成都国通电动自行车有限）公司 转账支票请领单

部门 采购部　　20X4 年 1 月 10 日　　第　　号

支票金额	小写	¥1,155,425.00	支票号数		请领日期	
	大写	壹佰壹拾伍万伍仟肆佰贰拾伍元整			签发日期	
收款单位名称		泛美有限公司			款项用途	货款
收款人开户行		工行大业支行			账号	6224002120265471114
公司负责人审批		毛远飞			报账期限	
部门负责人审批			支票领取人签名		刘江	

会计主管 陈晨　　稽核　　出纳

图 3-72 转账支票请领单 2

费用报销单 9 见图 3-73。

19-9

（国通电动自行车）公司 费用报销单

报销部门：采购部　　20X4 年 1 月 10 日　　附件：1 张

费用项目	类别	单据张数	金额		
报运输费		1	¥1,140.00	借款人（预付单位）	
				借款金额（支/现）	
				应退金额（支/现）	
报销金额合计		1	¥1,140.00	应补金额（支/现）	¥1,140.00
核实金额（大写）⊗ 佰 ⊗ 拾 ⊗ 万 壹 仟 壹 佰 肆 拾 零 元 零 角 零 分					

报销人	刘江	部门负责人		主管副总经理		总经理	毛远飞
财务负责人	陈晨	财务审核		出纳		领款人	刘江

图 3-73 费用报销单 9

入库单 13 ～ 16 见图 3-74 ～图 3-77。

19-10

入库单　№ 0026951

入库部门：采购部　　20X4 年 1 月 10 日

通知单号	编号	种类	名称	规格	数量 送缴	数量 实收	单位	单价	成本总额 百	十	万	千	百	十	元	角	分	明细账 号	页
	A01.001	A类	控制器	36V350W 无刷	2000	2000	个	28.00		¥	5	6	0	0	0	0	0		
	[illegible]	A类	电机	16寸	2000	2000	台	90.00	¥	1	8	0	0	0	0	0	0		
	[illegible]	A类	充电器	36V2AH	2000	2000	个	16.00		¥	3	2	0	0	0	0	0		
	[illegible]	A类	蓄电池	24V8AH	2000	2000	个	186.00	¥	3	7	2	0	0	0	0	0		
备注	供货方：泛美有限公司						合计		¥	6	4	0	0	0	0	0	0		

二 仓库

负责人 李慕　　记账　　收货人 王建　　制单 王建

图 3-74 入库单 13

19-11

入 库 单

№ 0026952

入库部门：采购部　　　　20X4 年　1 月　10 日

通知单号	编号	种类	名称	规格	数量 送缴	数量 实收	单位	单价	成本总额 百	十	万	千	百	十	元	角	分	明细账 号	页
	A05.001	A类	显示面板		2500	2500	块	16.00		¥	4	0	0	0	0	0	0		
	A05.002	A类	调速转把		2500	2500	个	3.00			¥	7	5	0	0	0	0		
	A05.003	A类	灯架		2500	2500	个	3.00			¥	7	5	0	0	0	0		
	A05.004	A类	闸把		2500	2500	付	6.00		¥	3	0	0	0	0	0	0		
	A05.005	A类	车把		2500	2500	个	16.00		¥	4	0	0	0	0	0	0		
备注	供货方：泛美有限公司						合计		¥	1	2	5	0	0	0	0	0		

负责人 李嘉　　记账　　收货人 王建　　制单 王建

二 仓 库

图 3-75　入库单 14

19-12

入 库 单

№ 0026953

入库部门：采购部　　　　20X4 年　1 月　10 日

通知单号	编号	种类	名称	规格	数量 送缴	数量 实收	单位	单价	成本总额 百	十	万	千	百	十	元	角	分	明细账 号	页
	A05006	A类	车篮		2500	2500	个	9.00		¥	2	2	5	0	0	0	0		
	A05007	A类	车闸刹线		2500	2500	根	1.00			¥	2	5	0	0	0	0		
	A05008	A类	喇叭		2500	2500	个	3.00			¥	7	5	0	0	0	0		
	A05003	A类	中轴		3000	3000	根	5.00		¥	1	5	0	0	0	0	0		
	A050010	A类	前叉		3000	3000	套	11.00		¥	3	3	0	0	0	0	0		
备注	供货方：泛美有限公司						合计			¥	8	0	5	0	0	0	0		

负责人 李嘉　　记账　　收货人 王建　　制单 王建

二 仓 库

图 3-76　入库单 15

19-13

入 库 单

№ 0026954

入库部门：采购部　　　　20X4 年　1 月　10 日

通知单号	编号	种类	名称	规格	数量 送缴	数量 实收	单位	单价	成本总额 百	十	万	千	百	十	元	角	分	明细账 号	页
	A08.003	A类	主车架		3000	3000	个	22.00		¥	6	6	0	0	0	0	0		
	A08.004	A类	鞍座		3000	3000	个	15.00		¥	4	5	0	0	0	0	0		
	A08.005	A类	链轮曲柄		3000	3000	个	6.00		¥	1	8	0	0	0	0	0		
	A08.006	A类	护板		3000	3000	付	16.00		¥	4	8	0	0	0	0	0		
备注	供货方：泛美有限公司						合计		¥	1	7	7	0	0	0	0	0		

负责人 李嘉　　记账　　收货人 王建　　制单 王建

二 仓 库

图 3-77　入库单 16

货物清单 3 见表 3-12，运杂费分配表 3 见表 3-13。

表 3-12　货物清单 3　　19-14

名称	数量	单价 / 元	金额 / 元
控制器	2,000 个（36V350W 无刷）	28.00	56,000.00
电机	2,000 台（16 寸）	90.00	180,000.00
充电器	2,000 只（36V12AH）	16.00	32,000.00
A 类电器组件小计	2,000 套	134.00	268,000.00
24V8AH 蓄电池	2,000 个	186.00	372,000.00
24V8AH 蓄电池小计	2,000 套	186.00	372,000.00
显示面板	2,500 块	16.00	40,000.00
调速转把	2,500 个	3.00	7,500.00
灯架	2,500 个	3.00	7,500.00
闸把	5,000 付	6.00	30,000.00
车把	2,500 个	16.00	40,000.00
车篮	2,500 个	9.00	22,500.00
车闸刹线	2,500 根	1.00	2,500.00
喇叭	2,500 个	3.00	7,500.00
A 类车把组件小计	2,500 套	63.00	157,500.00
中轴	3,000 根	5.00	15,000.00
前叉	3,000 套	11.00	33,000.00
主车架	3,000 个	22.00	66,000.00
鞍座	3,000 个	15.00	45,000.00
链轮曲柄	3,000 个	6.00	18,000.00
护板	3,000 付	16.00	48,000.00
A 类车架组件小计	3,000 套	75.00	225,000.00
总计			1,022,500.00

表 3-13　运杂费分配表 3　　19-15

20×4 年 1 月 10 日

货物名称	应借记科目	分配标准 / 套	分配率 /%	应分配金额 / 元
A 类电器组件	原材料			
24V8AH 蓄电池	原材料			
A 类车把组件	原材料			
A 类车架组件	原材料			
合计				

会计主管：　　　　审核：　　　　制单：

（二十）业务 20

员工工资发放单见表 3-14。

表 3-14　20×3 年 12 月员工工资发放单　　20-1

20×4 年 1 月 10 日　　单位：元

编号	姓名	应发工资	代扣款项						实发工资	备注
			医疗保险	养老保险	失业保险	住房公积金	个人所得税	扣款合计		
1	张兵	3,420.00	68.4	273.6	34.2				3,043.80	
2	刘成	3,375.00	67.5	270	33.75				3,003.75	
3	林辉	3,465.00	69.3	277.2	34.65				3,083.85	
…	…									
合计		2,634,300.00						296,376.50	2,337,923.50	

财务负责人：　　会计主管：　　审核：　　制单：

存根 9 见图 3-78，进账单 8 见图 3-79。

20-2

中国工商银行
转账支票存根
10205132
04057274
附加信息
出票人：成都国通电动自行车有限公司
出票账号：6222020120010001095
出票日期 20X4年 01月 10 日
收款人：成都国通电动自行车有限公司
金　额：¥2,337,923.50
用　途：工资
单位主管　　会计

图 3-78　存根 9

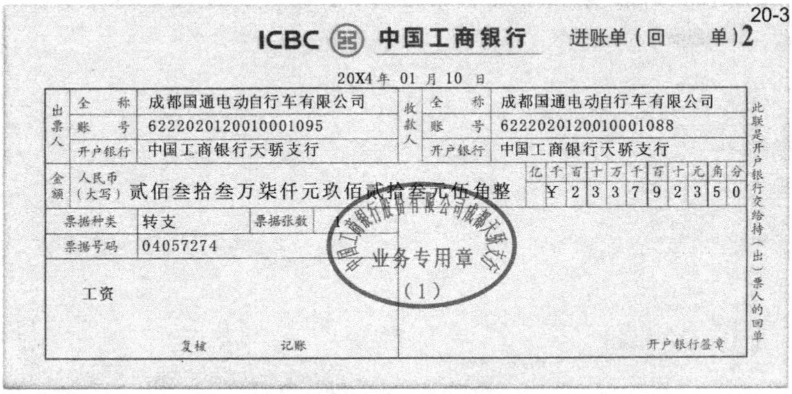

20-3

ICBC 中国工商银行　进账单（回　单）2

20X4 年 01 月 10 日

出票人	全　称	成都国通电动自行车有限公司	收款人	全　称	成都国通电动自行车有限公司
	账　号	6222020120010001095		账　号	6222020120010001088
	开户银行	中国工商银行天骄支行		开户银行	中国工商银行天骄支行
金额	人民币（大写）	贰佰叁拾叁万柒仟元玖佰贰拾叁元伍角整		亿千百十万千百十元角分	¥233792350
票据种类	转支	票据张数 1			
票据号码	04057274				
工资					
复核　记账			开户银行签章		

中国工商银行股份有限公司成都天骄支行 业务专用章 (1)

此联是开户银行交给持（出）票人的回单

图 3-79　进账单 8

（二十一）业务 21

托收凭证见图 3-80。

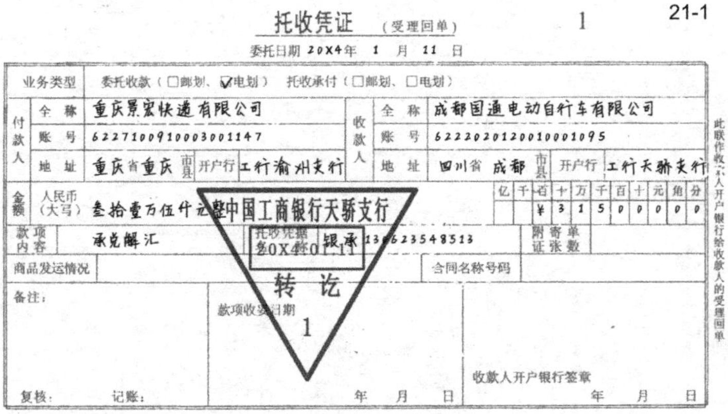

21-1

托收凭证（受理回单）1

委托日期 20X4年 1 月 11 日

业务类型	委托收款（□邮划、☑电划）托收承付（□邮划、□电划）				
付款人	全　称	重庆景宏快递有限公司	收款人	全　称	成都国通电动自行车有限公司
	账　号	6227100910003001147		账　号	6222020120010001095
	地　址	重庆省重庆市县　开户行 工行渝州支行		地　址	四川省 成都市县　开户行 工行天骄支行
金额	人民币（大写）	叁拾壹万伍仟元整		亿千百十万千百十元角分	¥31500000
款项内容	承兑解汇	托收凭据名称 银承 130623548513		附寄单证张数	
商品发运情况				合同名称号码	
备注：		款项收妥日期　年 月 日		收款人开户银行签章　年 月 日	
复核：　记账：					

中国工商银行天骄支行 20X4.01.11 转讫 1

此联作收款人开户银行给收款人的受理回单

图 3-80　托收凭证

（二十二）业务 22

四川省增值税专用发票发票联 3 见图 3-81。

22-1

四川增值税专用发票
发票联

5100091140　　№ 02584526

开票日期：20X4 年 01 月 12 日

购货单位	名称：成都国通电动自行车有限公司 纳税人识别号：510109632764552 地址、电话：成都市高新区天骄路 121 号 028-50118822 开户行及账号：中国工商银行天骄支行 6222020120010001095			密码区	/>33866>623/1175734*- >50<40709/24-+8<-74*< +/8>>025+6<21-6-9*30+ 22+/9/<1506-7*0/4>>5<	加密版本：01 5100091140 02584526	
货物或应税劳务名称	规格型号	单位	数量	单价	金额	税率	税额
印刷费	产品说明书	批	1	1504.42	1504.42	13%	195.58
合计					¥ 1504.42		¥ 195.58
价税合计（大写）	⊗壹仟柒佰元整				（小写）¥ 1700.00		
销货单位	名称：成都玉沙印刷厂 纳税人识别号：510100581472900 地址、电话：成都市玉沙路中段 6 号 028-51235566 开户行及账号：中国工商银行玉沙支行；6222020120010013071			备注	成都玉沙印刷厂 510100581472900 发票专用章		

收款人：　　复核：　　开票人：玉沙

第三联：发票联　购货方记账凭证

图 3-81　四川省增值税专用发票发票联 3

四川省增值税专用发票抵扣联 3 见图 3-82。

22-2

四川增值税专用发票
抵扣联

5100091140　　№ 02584526

开票日期：20X4 年 01 月 12 日

购货单位	名称：成都国通电动自行车有限公司 纳税人识别号：510109632764552 地址、电话：成都市高新区天骄路 121 号 028-50118822 开户行及账号：中国工商银行天骄支行 6222020120010001095			密码区	/>33866>623/1175734*- >50<40709/24-+8<-74*< +/8>>025+6<21-6-9*30+ 22+/9/<1506-7*0/4>>5<	加密版本：01 5100091140 02584526	
货物或应税劳务名称	规格型号	单位	数量	单价	金额	税率	税额
印刷费	产品说明书	批	1	1504.42	1504.42	13%	195.58
合计					¥ 1504.42		¥ 195.58
价税合计（大写）	⊗壹仟柒佰元整				（小写）¥ 1700.00		
销货单位	名称：成都玉沙印刷厂 纳税人识别号：510100581472900 地址、电话：成都市玉沙路中段 6 号 028-51235566 开户行及账号：中国工商银行玉沙支行；6222020120010013071			备注	成都玉沙印刷厂 510100581472900 发票专用章		

收款人：　　复核：　　开票人：玉沙

第二联：抵扣联　购货方扣税凭证

图 3-82　四川省增值税专用发票抵扣联 3

费用报销单 10 见图 3-83。

22-3

（国通电动自行车）公司　费用报销单

报销部门：销售部　　20X4 年 1 月 12 日　　附件：1 张

费用项目	类别	单据张数	金额		
报产品说明书印刷费		1	¥1,700.00	借款人（预付单位）	
				借款金额（支/现）	
				应退金额（支/现）	
报销金额合计		1	¥1,700.00	应补金额（支/现）	¥1,700.00
核实金额（大写）⊗ 佰 ⊗ 拾 ⊗ 万 壹 仟 柒 佰 零 拾 零 元 零 角 零 分					
报销人 杨宇	部门负责人	主管副总经理		总经理	[illegible]
财务负责人 陈晨	财务审核	出纳		领款人	杨宇

图 3-83　费用报销单 10

(二十三)业务23

领料单4和5见表3-15和表3-16。

表3-15 领料单4 23-1

20×4年1月12日

领料单位：生产车间 凭证编号：NO.0007

用途：生产GT-01电动自行车 发料仓库：二仓库

品名	规格型号	数量/套		金额/元
		请领	实领	
车架组件	A类	3,500	3,500	
车轮总成		3,500	3,500	
车把组件		4,000	4,000	
车体组件		4,000	4,000	
电器组件		4,000	4,000	
合计				

领料单位负责人：袁媛 发料人：王建 仓库管理员：李幕 制单：

表3-16 领料单5 23-2

20×4年1月12日

领料单位：生产车间 凭证编号：NO.0008

用途：生产GT-02电动自行车 发料仓库：二仓库

品名	规格型号	数量/套		金额/元
		请领	实领	
车架组件	B类	1,400	1,400	
车轮总成		1,400	1,400	
车把组件		900	900	
车体组件		1,400	1,400	
电器组件		1,800	1,800	
合计				

领料单位负责人：袁媛 发料人：王建 仓库管理员：李幕 制单：

(二十四)业务24

存根10见图3-84。

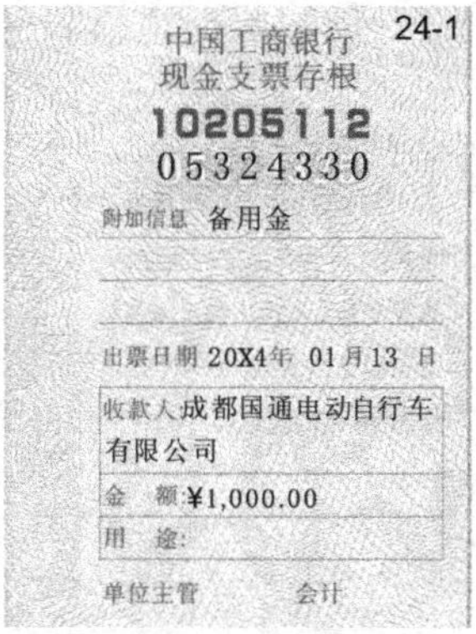

24-1

中国工商银行
现金支票存根
10205112
05324330
附加信息 备用金
出票日期 20X4年 01月13 日
收款人 成都国通电动自行车有限公司
金 额 ¥1,000.00
用 途:
单位主管 会计

图3-84 存根10

（二十五）业务 25

四川增值税专用发票 2 见图 3-85。

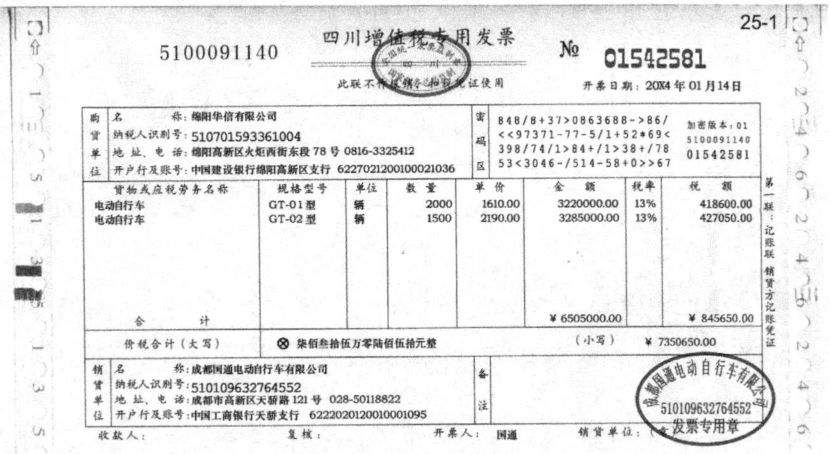

25-1

四川增值税专用发票

5100091140　　№ 01542581

此联不作报销、扣税凭证使用　　开票日期：20X4 年 01 月 14 日

购货单位	名称：绵阳华信有限公司 纳税人识别号：510701593361004 地址、电话：绵阳高新区火炬西街东段 78 号 0816-3325412 开户行及账号：中国建设银行绵阳高新区支行 6227021200100021036			密码区	848/8+37>0863688->86/ <<97371-77-5/1+52*69< 398/74/1>84+/1>38+/78 53<3046-/514-58+0>>67		加密版本：01 5100091140 01542581
货物或应税劳务名称	规格型号	单位	数量	单价	金额	税率	税额
电动自行车	GT-01 型	辆	2000	1610.00	3220000.00	13%	418600.00
电动自行车	GT-02 型	辆	1500	2190.00	3285000.00	13%	427050.00
合计					¥ 6505000.00		¥ 845650.00
价税合计（大写）	⊗ 柒佰叁拾伍万零陆佰伍拾元整				（小写）	¥ 7350650.00	
销货单位	名称：成都国通电动自行车有限公司 纳税人识别号：510109632764552 地址、电话：成都市高新区天骄路 121 号 028-50118822 开户行及账号：中国工商银行天骄支行 6222020120010001095			备注			

收款人：　　复核：　　开票人：国通　　销货单位：（章）

第一联：记账联　销货方记账凭证

图 3-85　四川增值税专用发票 2

中国人民银行小额支付系统专用凭证 3 见图 3-86。

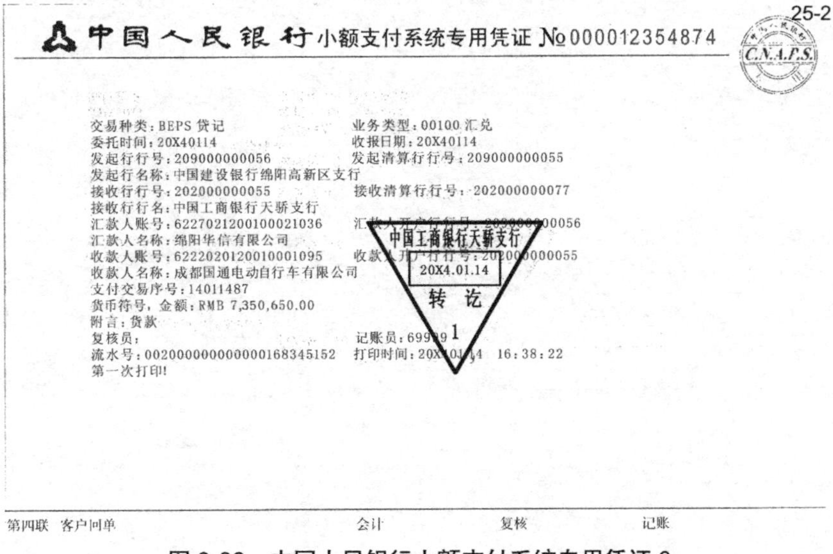

25-2

中国人民银行 小额支付系统专用凭证 №000012354874

C.N.A.P.S.

交易种类：BEPS 贷记　　业务类型：00100 汇兑
委托时间：20X40114　　收报日期：20X40114
发起行行号：209000000056　　发起清算行行号：209000000055
发起行名称：中国建设银行绵阳高新区支行
接收行行号：202000000055　　接收清算行行号：202000000077
接收行行名：中国工商银行天骄支行
汇款人账号：6227021200100021036　　汇款人开户行行号：[illegible]00056
汇款人名称：绵阳华信有限公司
收款人账号：6222020120010001095　　收款人开户行行号：202000000055
收款人名称：成都国通电动自行车有限公司
支付交易序号：14011487
货币符号，金额：RMB 7,350,650.00
附言：货款
复核员：　　记账员：69999
流水号：0020000000000000168345152　　打印时间：20X40114　16：38：22
第一次打印！

第四联　客户回单　　会计　　复核　　记账

图 3-86　中国人民银行小额支付系统专用凭证 3

产品出库单 2 见表 3-17。

表 3-17　产品出库单 2

25-3

仓库：一仓库　　20×4 年 1 月 14 日　　编号：NO.C0002

编号	名称	数量 / 辆		单位成本 / 元	金额 / 元
		应发	实发		
1	GT-01 型电动自行车	2,000	2,000		
2	GT-02 型电动自行车	1,500	1,500		
合计					

仓库负责人：　　销售部门负责人：　　经办人：

（二十六）业务 26

中国人民银行小额支付专用凭证 4 见图 3-87。

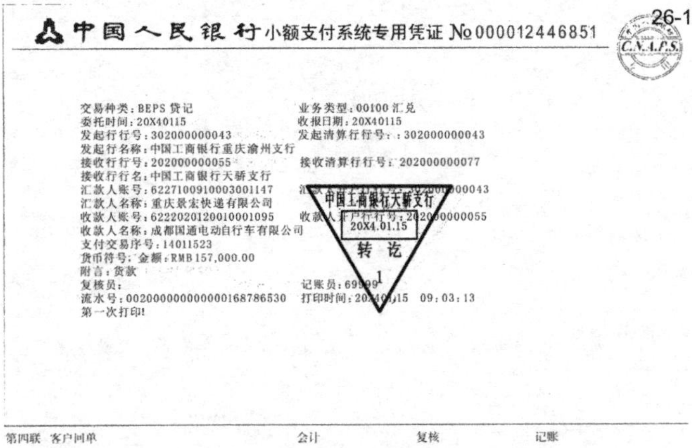

26-1

中国人民银行小额支付系统专用凭证 №000012446851

C.N.A.P.S.

交易种类：BEPS 贷记　业务类型：00100 汇兑
委托时间：20X40115　收报日期：20X40115
发起行行号：302000000043　发起清算行行号：：302000000043
发起行名称：中国工商银行重庆渝州支行
接收行行号：202000000055　接收清算行行号：202000000077
接收行行名：中国工商银行天骄支行
汇款人账号：6227100910003001147
汇款人名称：重庆景宏快递有限公司
收款人账号：6222020120010001095
收款人名称：成都国通电动自行车有限公司
支付交易序号：14011523
货币符号：金额：RMB 157,000.00
附言：货款
复核员：　记账员：69999
流水号：0020000000000000168786530　打印时间：20X40115　09:03:13
第一次打印！

中国工商银行天骄支行 20X4.01.15 转讫 1

第四联 客户回单　会计　复核　记账

图 3-87　中国人民银行小额支付专用凭证 4

（二十七）业务 27

四川增值税专用发票发票联 4 见图 3-88。

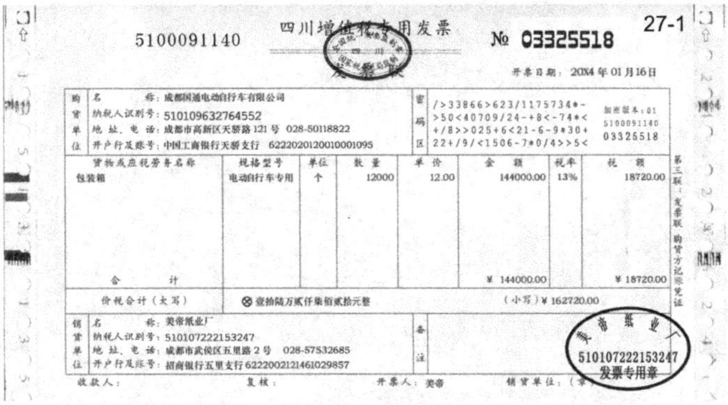

27-1

5100091140　四川增值税专用发票　№ 03325518

发票联

开票日期：20X4 年 01 月 16 日

购货单位	名称：成都国通电动自行车有限公司 纳税人识别号：510109632764552 地址、电话：成都市高新区天骄路 121 号 028-50118822 开户行及账号：中国工商银行天骄支行 6222020120010001095			密码区	/>33866>623/1175734*- >50<40709/24-+8<-74*< +/8>>025+6<21-6-9*30+ 22+/9/<1506-7*0/4>>5<	加密版本：01 5100091140 03325518	
货物或应税劳务名称	规格型号	单位	数量	单价	金额	税率	税额
包装箱	电动自行车专用	个	12000	12.00	144000.00	13%	18720.00
合计					¥ 144000.00		¥ 18720.00
价税合计（大写）	⊗壹拾陆万贰仟柒佰贰拾元整				（小写）¥ 162720.00		
销货单位	名称：美帝纸业厂 纳税人识别号：510107222153247 地址、电话：成都市武侯区五里路 2 号 028-57532685 开户行及账号：招商银行五里支行 6222002121461029857			备注			

收款人：　复核：　开票人：美帝　销货单位：（章）

第三联：发票联 购货方记账凭证

美帝纸业厂 510107222153247 发票专用章

图 3-88　四川增值税专用发票发票联 4

四川增值税专用发票抵扣联 4 见图 3-89。

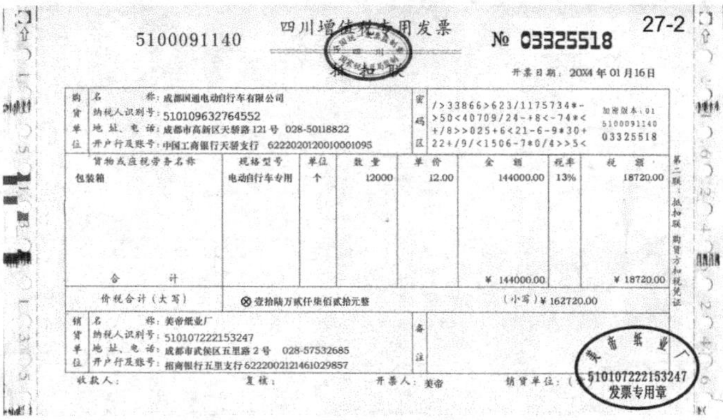

27-2

5100091140　四川增值税专用发票　№ 03325518

抵扣联

开票日期：20X4 年 01 月 16 日

购货单位	名称：成都国通电动自行车有限公司 纳税人识别号：510109632764552 地址、电话：成都市高新区天骄路 121 号 028-50118822 开户行及账号：中国工商银行天骄支行 6222020120010001095			密码区	/>33866>623/1175734*- >50<40709/24-+8<-74*< +/8>>025+6<21-6-9*30+ 22+/9/<1506-7*0/4>>5<	加密版本：01 5100091140 03325518	
货物或应税劳务名称	规格型号	单位	数量	单价	金额	税率	税额
包装箱	电动自行车专用	个	12000	12.00	144000.00	13%	18720.00
合计					¥ 144000.00		¥ 18720.00
价税合计（大写）	⊗壹拾陆万贰仟柒佰贰拾元整				（小写）¥ 162720.00		
销货单位	名称：美帝纸业厂 纳税人识别号：510107222153247 地址、电话：成都市武侯区五里路 2 号 028-57532685 开户行及账号：招商银行五里支行 6222002121461029857			备注			

收款人：　复核：　开票人：美帝　销货单位：（章）

第二联：抵扣联 购货方扣税凭证

美帝纸业厂 510107222153247 发票专用章

图 3-89　四川增值税专用发票抵扣联 4

货物运输业增值税专用发票发票联 5 见图 3-90。

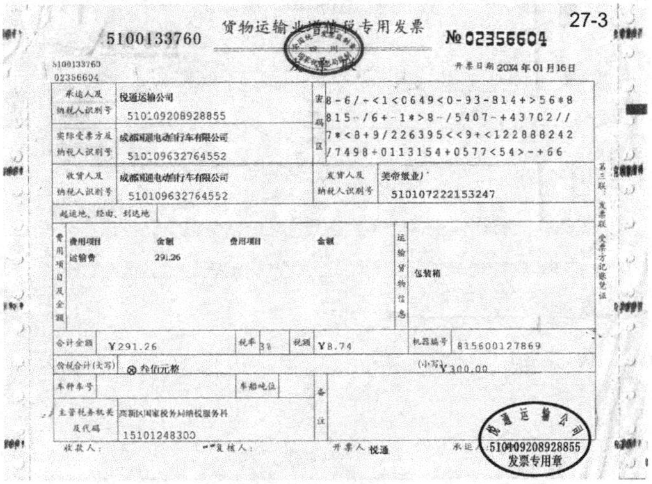

27-3

5100133760　货物运输业增值税专用发票　№ 02356604

5100133760
02356604　　开票日期 20X4 年 01 月 16 日

承运人及纳税人识别号	悦通运输公司 510109208928855	密码区	8-6/-<1<0649<0-93-814+>56*8 815-/6+-1*>8-/5407-+43702// 7*<8+9/226395<<9+<122888242 /7498+0113154+0577<54>-+66
实际受票方及纳税人识别号	成都国通电动自行车有限公司 510109632764552		
收货人及纳税人识别号	成都国通电动自行车有限公司 510109632764552	发货人及纳税人识别号	美帝纸业厂 510107222153247
起运地、经由、到达地			
费用项目及金额	费用项目 运输费　金额 291.26　费用项目　金额	运输货物信息	包装箱
合计金额	¥291.26　税率 3%　税额 ¥8.74	机器编号	815600127869
价税合计(大写)	⊗叁佰元整	(小写)	¥300.00
车种车号	车船吨位	备注	
主管税务机关及代码	高新区国家税务局纳税服务科 15101248300		

收款人：　复核人：　开票人：悦通　承运人：（悦通运输公司 510109208928855 发票专用章）

第三联：发票联 受票方记账凭证

图 3-90　货物运输业增值税专用发票发票联 5

货物运输业增值税专用发票抵扣联 5 见图 3-91。

27-4

5100133760　货物运输业增值税专用发票　№ 02356604

5100133760
02356604　　开票日期：20X4 年 01 月 16 日

承运人及纳税人识别号	悦通运输公司 510109208928855	密码区	8-6/-<1<0649<0-93-814+>56*8 815-/6+-1*>8-/5407-+43702// 7*<8+9/226395<<9+<122888242 /7498+0113154+0577<54>-+66
实际受票方及纳税人识别号	成都国通电动自行车有限公司 510109632764552		
收货人及纳税人识别号	成都国通电动自行车有限公司 510109632764552	发货人及纳税人识别号	美帝纸业厂 510107222153247
起运地、经由、到达地			
费用项目及金额	费用项目 运输费　金额 291.26　费用项目　金额	运输货物信息	包装箱
合计金额	¥291.26　税率 3%　税额 ¥8.74	机器编号	815600127869
价税合计(大写)	⊗叁佰元整	(小写)	¥300.00
车种车号	车船吨位	备注	
主管税务机关及代码	高新区国家税务局纳税服务科 15101248300		

收款人：　复核人：　开票人：悦通　承运人：（悦通运输公司 510109208928855 发票专用章）

第二联：抵扣联 受票方扣税凭证

图 3-91　货物运输业增值税专用发票抵扣联 5

费用报销单 11 见图 3-92。

（ 国通电动自行车 ）**公司**　费用报销单　　27-5

报销部门：采购部　　20X4 年 1 月 16 日　　附件： 1 张

费用项目		类别	单据张数	金额		借款人（预付单位）	
购进包装箱			1	¥162,720.00		借款金额（支/现）	
						应退金额（支/现）	
报销金额合计			1	¥162,720.00		应补金额（支/现）	¥162,720.00
核实金额	（大写）⊗ 佰 壹 拾 陆 万 贰 仟 柒 佰 贰 拾 零 元 零 角 零 分						
报销人	[illegible]	部门负责人		主管副总经理		总经理	王远飞
财务负责人	陈晨	财务审核		出纳		领款人	

图 3-92　费用报销单 11

存根 11 见图 3-93，进账单 9 见图 3-94。

27-6

中国工商银行
转账支票存根
10205132
04057277

附加信息
出票人：成都国通电动自行车有限公司
出票账号：6222020120010001095

出票日期 20X4年 01月16 日

收款人：美帝纸业厂
金 额：¥162720.00
用 途：货款

单位主管 会计

图 3-93 存根 11

27-7

ICBC 中国工商银行 进账单（回 单）2

20X4 年 01 月 16 日

出票人	全 称	成都国通电动自行车有限公司	收款人	全 称	美帝纸业厂
	账 号	6222020120010001095		账 号	6222002121461029857
	开户银行	中国工商银行天骄支行		开户银行	招商银行五里支行
金额	人民币（大写）	壹拾陆万贰仟柒佰贰拾元整		亿千百十万千百十元角分	¥16272000
票据种类	转支	票据张数			
票据号码	04057277				
货款					
复核 记账			开户银行签章		

中国工商银行股份有限公司成都天骄支行 业务专用章 （1）

此联是开户银行交给持（出）票人的回单

图 3-94 进账单 9

费用报销单 12 见图 3-95。

27-8

（ 国通电动自行车 ）公司 费用报销单

报销部门：采购部 20X4 年 1 月 16 日 附件： 1 张

费 用 项 目	类 别	单据张数	金 额	借款人（预付单位）	
报运杂费		1	¥300.00		
				借款金额（支/现）	
				应退金额（支/现）	
报 销 金 额 合 计		1	¥300.00	应补金额（支/现）	¥300.00
核实金额（大写）⊗ 佰 ⊗ 拾 ⊗ 万 ⊗ 仟 叁 佰 零 拾 零 元 零 角 零 分					
报销人	刘江	部门负责人		主管副总经理		总经理	王远飞
财务负责人	陈晨	财务审核		出 纳		领款人	

图 3-95 费用报销单 12

存根 12 见图 3-96，进账单 10 见图 3-97。

27-9

中国工商银行
转账支票存根
10205132
04057278

附加信息
出票人：成都国通电动自行车有限公司
出票账号：6222020120010001095

出票日期 20X4年 01月 16 日

收款人：悦通运输公司
金 额：¥300.00
用 途：运输费

单位主管 会计

图 3-96 存根 12

27-10

ICBC 中国工商银行 进账单（回 单）2

20X4 年 01 月 16 日

出票人	全 称	成都国通电动自行车有限公司	收款人	全 称	悦通运输公司
	账 号	6222020120010001095		账 号	6224002120265471118
	开户银行	中国工商银行天骄支行		开户银行	中国工商银行大业支行
金额	人民币（大写）	叁佰元整		亿千百十万千百十元角分	¥30000
票据种类	转支	票据张数			
票据号码	04057278				
运输费					
复核 记账			开户银行签章		

中国工商银行股份有限公司成都天骄支行 业务专用章 （1）

此联是开户银行交给持（出）票人的回单

图 3-97 进账单 10

入库单 17 见图 3-98，转账支票请领单 3 见图 3-99。

27-11

入 库 单 №0026959

入库部门：采购部　　20X4 年 1 月 16 日

通知单号	编号	种类	名称	规格	数量 送缴	数量 实收	单位	单价	成本总额（百十万千百十元角分）	明细账 号	明细账 页
	10001		包装箱		12000	12000	个	12.00	¥144000.00		
备注	供货方：美帝纸业厂						合计		¥144000.00		

负责人 李幕　　记账　　收货人 王建　　制单 王建

二 仓库

图 3-98　入库单 17

27-12

（国通电动自行车）公司转账支票请领单

部门 采购部　　20X4 年 1 月 16 日　　第　　号

支票金额	小写	¥163,020.00	支票号数		请领日期	20X4.1.16
	大写	壹拾陆万叁仟零贰拾元整			签发日期	20X4.1.16
收款单位名称		美帝纸业厂			款项用途	购包装箱、运费
收款人开户行		招商银行五里支行			账号	6222002121461029857
公司负责人审批		毛远飞			报账期限	
部门负责人审批			支票领取人签名		刘硕	

会计主管 陈晨　　稽核　　出纳

图 3-99　转账支票请领单 3

（二十八）业务 28

领料单 6 见表 3-18。

表 3-18　领料单 6　　28-1

20×4 年 1 月 16 日

领料单位：生产车间　　凭证编号：NO.0009

用途：包装产品　　发料仓库：周转材料仓库

品名	规格型号	数量/个 请领	数量/个 实领	金额/元
包装箱	通用	3,500	3,500	42,087.50
合计				42,087.50

领料单位负责人：袁媛　　发料人：王建　　仓库管理员：李幕　　制单：

（二十九）业务 29

费用报销单 13 见图 3-100，发票联 2 见图 3-101。

29-1

（ 国通电动自行车 ）公司　费用报销单

报销部门：销售部　　20X4 年 1 月 19 日　　附件： 1 张

费用项目	类别	单据张数	金额	借款人（预付单位）	
报业务招待费		1	¥500.00	借款金额（支/现）	
				应退金额（支/现）	
报销金额合计		1	¥500.00	应补金额（支/现）	¥500.00
核实金额（大写） ⊗ 佰 ⊗ 拾 ⊗ 万 ⊗ 仟 伍 佰 零 拾 零 元 零 角 零 分					

报销人	陈明	部门负责人		主管副总经理		总经理	赵飞
财务负责人	陈晨	财务审核		出纳		领款人	陈明

图 3-100　费用报销单 13

29-2

四川省成都市地方税务局通用定额发票（有奖）

发票联

发票代码 251011362009

发票号码 09341356

密码 [redacted]

伍佰元整

（加盖发票专用章有效）

兑奖联

发票代码 251011362009

发票号码 09341356

密码奖区 [redacted]

1.刮开奖区覆盖层后显示中奖后中奖金额或"谢谢您"。

2.在兑奖前不得将发票联和兑奖联撕开。否则，不予兑奖。

图 3-101　发票联 2

（三十）业务 30

四川增值税专用发票 3 见图 3-102。

30-1

四川增值税专用发票

5100091140　　№ 01542583

此联不作报销、扣税凭证使用　　开票日期：20X4 年 01 月 20 日

购货单位：
名　　称：湖北宏源电动自行车公司
纳税人识别号：510601120051962
地 址、电 话：湖北武汉市武昌区中山路 274 号 027-35251919
开户行及账号：中国工商银行武汉中山支行 1805021209250035346

密码区：
23/050-5111369<<8</*-
46300/+*50-*04853284*
*3>22*24-/4400+5/0-<1
46-9<>*97+99/0905>>03

加密版本：01
5100091140
01542583

货物或应税劳务名称	规格型号	单位	数量	单价	金额	税率	税额
车架	A类	套	100	90.00	9000.00	13%	1170.00
合计					¥9000.00		¥1170.00
价税合计（大写）	⊗ 壹万零壹佰柒拾元整				（小写）¥10170.00		

销货单位：
名　　称：成都国通电动自行车有限公司
纳税人识别号：510109632764552
地 址、电 话：成都市高新区天骄路 121 号 028-50118822
开户行及账号：中国工商银行天骄支行 6222020120010001095

备注：成都国通电动自行车有限公司 510109632764552 发票专用章

收款人：　　复核：　　开票人：国通　　销货单位：（章）

第一联：记账联 销货方记账凭证

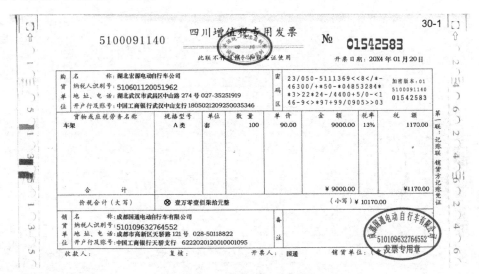

图 3-102　四川增值税专用发票 3

（二十九）业务29

费用报销单13见图3-100，发票联2见图3-101。

图3-100 费用报销单13

图3-101 发票联2

（三十）业务30

四川增值税专用发票3见图3-102。

图3-102 四川增值税专用发票3

现金支票正面和背面见图 3-103 和图 3-104。

30-2

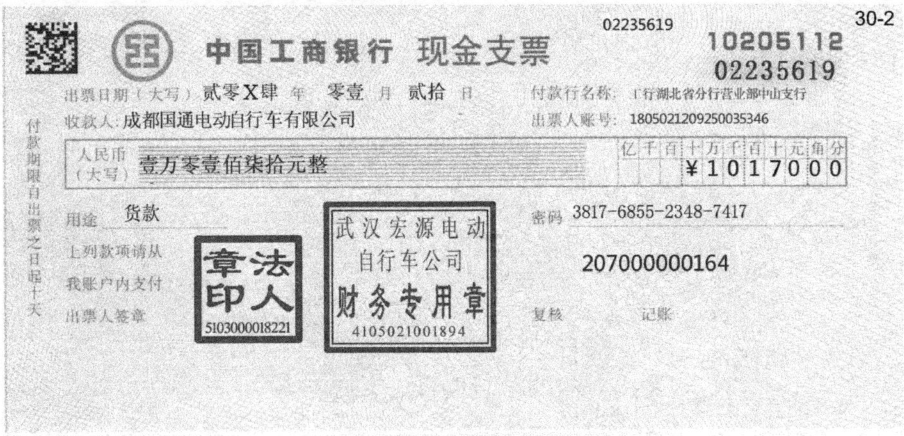

图 3-103 现金支票（正面）

30-3

附加信息：
湖北宏源电动自行车公司
财务专用章
4105021001894
赵宏印源
4305000022395
收款人签章
20X4 年 1 月 20 日
身份证件名称： 发证机关：
号码

图 3-104 现金支票（背面）

领料单 7 见表 3-19。

表 3-19 领料单 7

30-4

20×4 年 1 月 20 日

单位：元

领料单位：销售部门

凭证编号：NO.0010

用途：销售

发料仓库：二仓库

品名	规格型号	数量 / 套		金额
		请领	实领	
车架组件	A 类	100	100	
合计				

领料单位负责人：袁媛　　发料人：王建　　仓库管理员：李幕　　制单：

（三十一）业务 31

发票联 3 见图 3-105。

31-1

四川省成都市地方税务局通用手工发票

发票联

发票代码 251011451022
发票号码 01324853
验证码 20014256

付款单位：成都国通电动自行车有限公司

项目内容	金额（万千百十元角分）	备注
设计费	2000000	
合计人民币（大写）⊗贰万元整	2000000	

收款单位名称： 开票人 设计 20X4 1 23 日

收款单位税号：

第一联 发票联

成都市机械设计院 51010223433686 发票专用章

图 3-105 发票联 3

费用报销单 14 见图 3-106。

31-2

（国通电动自行车）公司 费用报销单

报销部门：管理部 20X4 年 1 月 23 日 附件：1 张

费用项目	类别	单据张数	金额	借款人（预付单位）	
报自行车外观设计费		1	¥20,000.00		
				借款金额（支/现）	
				应退金额（支/现）	
报销金额合计		1	¥20,000.00	应补金额	¥20,000.00
核实金额（大写）⊗佰⊗拾贰万零仟零佰零拾零元零角零分				（支/现）	
报销人 孙亮	部门负责人	主管副总经理		总经理	王立飞
财务负责人 陈晨	财务审核	出纳		领款人	

图 3-106 费用报销单 14

存根 13 见图 3-107，进账单 11 见图 3-108。

31-3

中国工商银行
转账支票存根
10205132
04057285

附加信息
出票人：成都国通电动自行车有限公司
出票账号：6222020120010001095

出票日期 20X4年 01月 23 日
收款人：成都市机械设计院
金额：¥20000.00
用途：设计费
单位主管 会计

图 3-107 存根 13

31-4

ICBC 中国工商银行 进账单（回单）2

20X4 年 01 月 23 日

出票人	全称	成都国通电动自行车有限公司	收款人	全称	成都市机械设计院
	账号	6222020120010001095		账号	6221000634229000101
	开户银行	中国工商银行天骄支行		开户银行	中国工商银行天骄支行
金额	人民币（大写）	贰万元整		亿千百十万千百十元角分	¥2000000
票据种类	转支	票据张数			
票据号码	04057285				
设计费					
	复核	记账		开户银行签章	

中国工商银行股份有限公司成都天骄支行 业务专用章（1）

此联是开户银行交给持（出）票人的回单

图 3-108 进账单 11

（三十二）业务 32

费用报销单 15 见图 3-109，发票联 4 见图 3-110。

32-1

（　国通电动自行车　）公司　　费用报销单

报销部门：销售部　　　　20X4 年 1 月 25 日　　　　附件：1 张

费用项目	类别	单据张数	金额	借款人（预付单位）	
报业务招待费		1	¥4,000.00		
				借款金额（支/现）	
				应退金额（支/现）	
报销金额合计		1	¥4,000.00	应补金额（支/现）	¥4,000.00
核实金额	（大写）⊗ 佰 ⊗ 拾 贰 万 零 仟 零 佰 零 拾 零 元 零 角 零 分				
报销人	杨宇	部门负责人		主管副总经理	总经理	毛远飞
财务负责人	陈晨	财务审核		出纳	领款人	

图 3-109　费用报销单 15

32-2

四川省成都……发票（有奖）

发票联

发票代码 251011143010

发票号码 05311389 [redacted]

密　码 [redacted]

税务登记号：5101000740331673

客户：成都国通电动自行车有限公司

20X4-01-25　　10：25：31

业务招待费　　4000.00

小计：　　¥4000.00

支票付款：　　¥4000.00

合计（大写）：肆仟元整

防伪码：0001 000F CB91 99CD CDCB

成都大饭店餐饮娱乐有限公司

电话：028-54478888

地址：成都市高新区天骄路 13 号

2-0000000888-000014752148624

手写无效

兑奖联

发票代码 251011143010

发票号码 05311389

密　码

奖　区

图 3-110　发票联 4

存根 14 见图 3-111，进账单 12 见图 3-112。

32-3

中国工商银行
转账支票存根

10205132
04057282

附加信息

出票人：成都国通电动自行车有限公司

出票账号：6222020120010001095

出票日期 20X4年 01月 25 日

收款人：成都大饭店餐饮娱乐有限公司

金　额：¥4000.00

用　途：业务接待费

单位主管　　会计

图 3-111　存根 14

32-4

ICBC 中国工商银行　　进账单（回　单）2

20X4 年 01 月 25 日

出票人			收款人		
出票人	全称	成都国通电动自行车有限公司	收款人	全称	成都大饭店餐饮娱乐有限公司
	账号	6222020120010001095		账号	6217430578511000531
	开户银行	中国工商银行天骄支行		开户银行	民生银行成都天宇支行
金额	人民币（大写）	肆仟元整		亿千百十万千百十元角分	¥400000
票据种类	转支	票据张数			
票据号码	04057282				
业务接待费					
复核　记账				开户银行签章	

中国工商银行股份有限公司成都天骄支行　业务专用章（1）

此联是开户银行交给持（出）票人的回单

图 3-112　进账单 12

（三十三）业务 33

发票联 5 见图 3-113。

存根 15 见图 3-114，进账单 13 见图 3-115。

33-1

中国电信 CHINA TELECOM

四川省国家税务局通用机打发票

发票联

第一次打印

发票代码 151001402002

发票号码 01235848

开票日期：20X4-01-28　　行业分类：邮电通信业－电信

用户姓名：成都国通电动自行车有限公司　　计费周期：20X312-20X401

电话号码：028 50118822(23 部)　　合同号：114002351335842

金额合计：（大写）贰仟陆佰元整　　（小写）￥2600.00

中国电信股份有限公司成都分公司 519000752344332 发票专用章

中国电信股份有限公司成都分公司

成都银行北较场西路支行

28022010211161700011

交费流水号：20140128112348715　　收费员工号：02812053

本发票开具合计金额超过10万元无效

发票联（购货单位付款凭证）

（手开无效）

图 3-113　发票联 5

33-2

中国工商银行
转账支票存根

10205132
04057283

附加信息

出票人：成都国通电动自行车有限公司

出票账号：6222020120010001095

出票日期 20X4年 01月 28 日

收款人：中国电信股份有限公司成都分公司

金　额：￥2600.00

用　途：电话费

单位主管　　会计

图 3-114　存根 15

33-3

ICBC 中国工商银行　进账单（回　单）2

20X4 年 01 月 28 日

出票人	全　称	成都国通电动自行车有限公司	收款人	全　称	中国电信股份有限公司成都分公司
	账　号	6222020120010001095		账　号	6221000525481000056
	开户银行	中国工商银行天骄支行		开户银行	成都银行北较场支行
金额	人民币（大写）	贰仟陆佰元整		亿千百十万千百十元角分	￥260000
票据种类	转支	票据张数	1		
票据号码	04057283				
电话费					
复核　记账			开户银行签章		

中国工商银行股份有限公司成都天骄支行 业务专用章 (1)

此联是开户银行交给持（出）票人的回单

图 3-115　进账单 13

费用报销单 16 见图 3-116。

33-4

（国通电动自行车）公司　费用报销单

报销部门：管理部　　20X4 年 1 月 28 日　　附件：1 张

费用项目	类别	单据张数	金额	借款人（预付单位）	
报销通信费		1	￥2,600.00		
				借款金额（支/现）	
				应退金额（支/现）	
报销金额合计		1	￥2,600.00	应补金额（支/现）	￥2,600.00
核实金额（大写）⊗佰⊗拾⊗万贰仟陆佰零拾零元零角零分					

报销人	孙亮	部门负责人		主管副总经理		总经理	王远飞
财务负责人	陈晨	财务审核		出纳		领款人	

图 3-116　费用报销单 16

（三十四）业务 34

四川增值税专用发票发票联 4 见图 3-117。

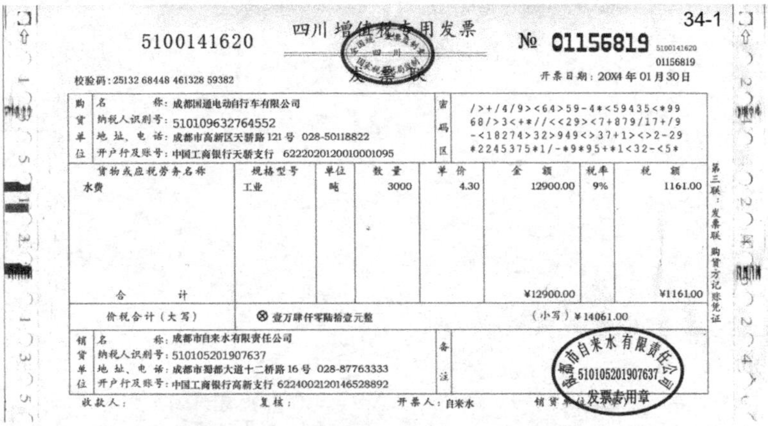

34-1

四川增值税专用发票　发票联

5100141620　№ 01156819　5100141620 01156819

校验码：25132 68448 461328 59382　开票日期：20X4 年 01 月 30 日

购货单位	名称：成都国通电动自行车有限公司 纳税人识别号：510109632764552 地址、电话：成都市高新区天骄路 121 号 028-50118822 开户行及账号：中国工商银行天骄支行 6222020120010001095				密码区	/>+/4/9><64>59-4*<59435<*99 68/>3<+*//<<29><7+879/17+/9 -<18274>32>949<>37+1><>2-29 *2245375*1/-*9*95+*1<32-<5*	
货物或应税劳务名称	规格型号	单位	数量	单价	金额	税率	税额
水费	工业	吨	3000	4.30	12900.00	9%	1161.00
合计					¥12900.00		¥1161.00
价税合计（大写）	⊗壹万肆仟零陆拾壹元整				（小写）¥14061.00		
销货单位	名称：成都市自来水有限责任公司 纳税人识别号：510105201907637 地址、电话：成都市蜀都大道十二桥路 16 号 028-87763333 开户行及账号：中国工商银行高新支行 6224002120146528892				备注		

收款人：　复核：　开票人：自来水　销货单位：（章）

第三联：发票联　购货方记账凭证

成都市自来水有限责任公司 510105201907637 发票专用章

图 3-117　四川增值税专用发票发票联 4

四川增值税专用发票抵扣联 4 见图 3-118。

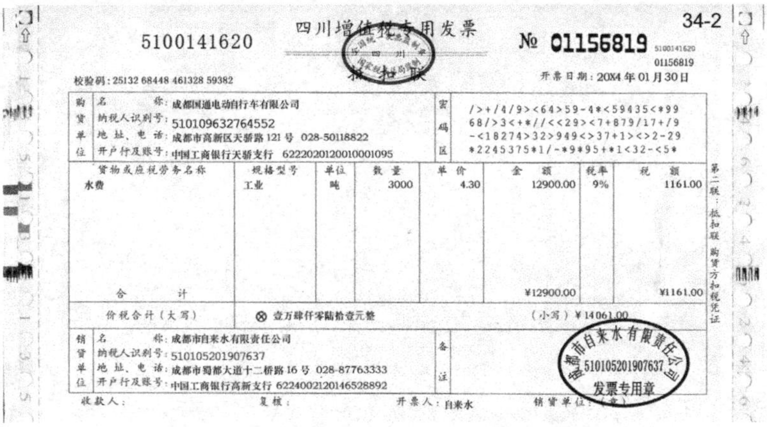

34-2

四川增值税专用发票　抵扣联

5100141620　№ 01156819　5100141620 01156819

校验码：25132 68448 461328 59382　开票日期：20X4 年 01 月 30 日

购货单位	名称：成都国通电动自行车有限公司 纳税人识别号：510109632764552 地址、电话：成都市高新区天骄路 121 号 028-50118822 开户行及账号：中国工商银行天骄支行 6222020120010001095				密码区	/>+/4/9><64>59-4*<59435<*99 68/>3<+*//<<29><7+879/17+/9 -<18274>32>949<>37+1><>2-29 *2245375*1/-*9*95+*1<32-<5*	
货物或应税劳务名称	规格型号	单位	数量	单价	金额	税率	税额
水费	工业	吨	3000	4.30	12900.00	9%	1161.00
合计					¥12900.00		¥1161.00
价税合计（大写）	⊗壹万肆仟零陆拾壹元整				（小写）¥14061.00		
销货单位	名称：成都市自来水有限责任公司 纳税人识别号：510105201907637 地址、电话：成都市蜀都大道十二桥路 16 号 028-87763333 开户行及账号：中国工商银行高新支行 6224002120146528892				备注		

收款人：　复核：　开票人：自来水　销货单位：（章）

第二联：抵扣联　购货方扣税凭证

成都市自来水有限责任公司 510105201907637 发票专用章

图 3-118　四川增值税专用发票抵扣联 4

中国人民银行小额支付系统专用凭证 5 见图 3-119。

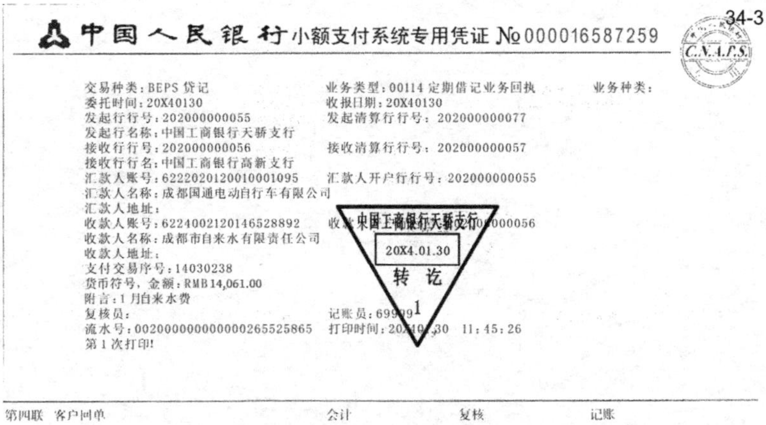

34-3

中国人民银行 小额支付系统专用凭证 №000016587259　C.N.A.P.S.

交易种类：BEPS 贷记　业务类型：00114 定期借记业务回执　业务种类：
委托时间：20X40130　收报日期：20X40130
发起行行号：202000000055　发起清算行行号：202000000077
发起行名称：中国工商银行天骄支行
接收行行号：202000000056　接收清算行行号：202000000057
接收行行名：中国工商银行高新支行
汇款人账号：6222020120010001095　汇款人开户行行号：202000000055
汇款人名称：成都国通电动自行车有限公司
汇款人地址：
收款人账号：6224002120146528892　收款人开户行行号：202000000056
收款人名称：成都市自来水有限责任公司
收款人地址：
支付交易序号：14030238
货币符号、金额：RMB14,061.00
附言：1 月自来水费
复核员：　记账员：69999
流水号：0020000000000000265525865　打印时间：20X4.01.30　11:45:26
第 1 次打印！

中国工商银行天骄支行 20X4.01.30 转讫 1

第四联　客户回单　会计　复核　记账

图 3-119　中国人民银行小额支付系统专用凭证 5

费用报销单 17 见图 3-120，水费分配表见表 3-20。

（ 国通电动自行车 ）公司　费用报销单　　34-4

报销部门：管理部　　20X4 年 1 月 30 日　　附件：2 张

费用项目	类别	单据张数	金额	借款人（预付单位）	
报水费	生产部门	1	¥12,654.90		
报水费	管理部门	1	¥1,406.10	借款金额（支/现）	
				应退金额（支/现）	
报销金额合计		2	¥14,061.00	应补金额（支/现）	¥14,061.00
核实金额（大写）⊗ 佰 ⊗ 拾 壹 万 肆 仟 零 佰 陆 拾 壹 元 零 角 零 分					
报销人	部门负责人		主管副总经理		总经理
财务负责人	财务审核		出纳		领款人

图 3-120　费用报销单 17

表 3-20　水费分配表　　34-5

20×4 年 1 月 30 日

项目／部门	用水量 / 吨	单价 /（元 / 吨）	分配水费金额 / 元
生产部门	2,700		
管理部门	300		
合计	3,000		

会计主管：　　审核：　　制单：

（三十五）业务 35

四川增值税专用发票发票联 5 见图 3-121。

35-1

5100141620　　四川增值税专用发票　　№ 02002007　　5100141620　02002007

发票联

校验码：14087 42851 36966 62220　　开票日期：20X4 年 01 月 30 日

购货单位		密码区	
名称：成都国通电动自行车有限公司 纳税人识别号：510109632764552 地址、电话：成都市高新区天骄路 121 号 028-50118822 开户行及账号：中国工商银行天骄支行 6222020120010001095			3570>2<4/91<367196/50986265 40<4<+3155293*6367171363/0+ 3*>6-+-6965*/>653><7>60*954 *2245375*1/-*9*95+*1<32-<5*

货物或应税劳务名称	规格型号	单位	数量	单价	金额	税率	税额
电费	10kV	kWh	200991	0.77	154763.07	13%	20119.20
合计					¥154763.07		¥20119.20
价税合计（大写）	⊗壹拾柒万肆仟捌佰捌拾贰元贰角柒分				（小写）¥174882.27		

销货单位	备注
名称：国网四川省电力公司成都市高新供电分公司 纳税人识别号：510198075370698 地址、电话：成都市高新区芳草西一街 6 号 028-85175100 开户行及账号：中国工商银行高新支行 6224002120265472613	

收款人：　　复核：　　开票人：电力　　销货单位：（章）

510198075370698 发票专用章

第三联：发票联 购货方记账凭证

图 3-121　四川增值税专用发票发票联 5

四川增值税专用发票抵扣联 5 见图 3-122。

35-2

四川增值税专用发票

5100141620　　抵扣联　　№ 02002007　5100141620 02002007

校验码：14087 42851 36966 62220　　开票日期：20X4年01月30日

购货单位	名称：成都国通电动自行车有限公司 纳税人识别号：510109632764552 地址、电话：成都市高新区天骄路121号 028-50118822 开户行及账号：中国工商银行天骄支行 6222020120010001095			密码区	3570>2<4/91<367196/50986265 40<4<+3155293*6367171363/0+ 3*>6-+-6965*/>653><7>60*954 *2245375*1/-*9*95+*1<32-<5*		
货物或应税劳务名称	规格型号	单位	数量	单价	金额	税率	税额
电费	10kV	kWh	200991	0.77	154763.07	13%	20119.20
合计					¥154763.07		¥20119.20
价税合计（大写）	⊗壹拾柒万肆仟捌佰捌拾贰元贰角柒分				（小写）¥174882.27		
销货单位	名称：国网四川省电力公司成都市高新供电分公司 纳税人识别号：510198075370698 地址、电话：成都市高新区芳草西一街6号 028-85175100 开户行及账号：中国工商银行高新支行 6224002120265472613			备注			

收款人：　　复核：　　开票人：电力　　销货单位：（章）

第二联：抵扣联　购货方扣税凭证

图 3-122　四川增值税专用发票抵扣联 5

中国人民银行小额支付系统专用凭证 6 见图 3-123。

35-3

中国人民银行 小额支付系统专用凭证 №000016587153

交易种类：BEPS 贷记　　业务类型：00114 定期借记业务回执　　业务种类：
委托时间：20X40130　　收报日期：20X40130
发起行行号：202000000055　　发起清算行行号：202000000077
发起行名称：中国工商银行天骄支行
接收行行号：202000000056　　接收清算行行号：202000000057
接收行行名：中国工商银行高新支行
汇款人账号：6222020120010001095　　汇款人开户行行号：202000000055
汇款人名称：成都国通电动自行车有限公司
汇款人地址：
收款人账号：6224002120265472613　　收[illegible]000056
收款人名称：国网四川省电力公司成都市高新供电分公司
收款人地址：
支付交易序号：14030229
货币符号，金额：RMB 174,882.27
附言：1月电费
复核员：　　记账员：69999
流水号：0020000000000000265523764　　打印时间：20[illegible]30 11:23:43
第1次打印！

（印章：中国工商银行天骄支行 20X4.01.30 转讫 1）

第四联　客户回单　　会计　　复核　　记账

图 3-123　中国人民银行小额支付系统专用凭证 6

费用报销单 18 见图 3-124，水费分配表见表 3-21。

35-4

（国通电动自行车）公司　费用报销单

报销部门：管理部　　20X4年1月30日　　附件：2张

费用项目	类别	单据张数	金额		
报电费	生产部门	1	¥171,190.44	借款人（预付单位）	
报电费	管理部门	1	¥3,691.83	借款金额（支/现）	
				应退金额（支/现）	
报销金额合计		2	¥174,882.27	应补金额（支/现）	¥174,882.27
核实金额（大写）⊗佰壹拾柒万肆仟捌佰捌拾贰元贰角柒分					
报销人	孙亮	部门负责人		主管副总经理	总经理 王飞
财务负责人	陈晨	财务审核		出纳	领款人

图 3-124　费用报销单 18

表 3-21　电费分配表　　35-5

20×4 年 1 月 30 日

项目 / 部门	用电量 / 度	单价 /（元 / 度）	分配电费金额 / 元
生产部门	196,748		
管理部门	4,243		
合计	200,991		

会计主管：　　审核：　　制单：

（三十六）业务 36

收据 2 见图 3-125。

36-1

收　　据

№ 0048128

20X4 年 1 月 30 日

收到：李勇	金额 千	百	十	万	千	百	十	元	角	分
摘要：违规操作处罚					¥	5	0	0	0	0

合计金额人民币（大写）⊗仟⊗佰⊗拾⊗万⊗仟伍佰零拾零元零角零分

收款单位（印章）　　收款人 张鹏　　交款人 李勇

第三联　收款单位记账凭证

图 3-125　收据 2

（三十七）业务 37

生产人员工资结算单 1 见表 3-22。

表 3-22　生产人员工资结算单 1　　37-1

员工类别：GT-01 电动自行车生产工人　　20×4 年 1 月 31 日

姓名	本月完成合格数量 / 件	计件工资 / 元	应发工资 / 元	代扣款项					实发工资 / 元	备注
				医疗保险 / 元	养老保险 / 元	失业保险 / 元	住房公积金 / 元	个人所得税 / 元		
王建	75	45	3,375.00	67.50	270.00	33.75			3,003.75	
刘成	75		3,375.00	67.50	270.00	33.75			3,003.75	
于飞	76		3,420.00	68.40	273.60	34.20			3,043.80	
…	…	…							…	
合计	7,390		1,361,238.00	27,224.76	108,899.04	13,612.38			1,211,501.82	

会计主管：　　审核：　　制表：

生产人员工资结算单 2 见表 3-23，车间管理人员工资结算单见表 3-24。

37-2

表 3-23　生产人员工资结算单 2

员工类别：GT-02 电动自行车生产工人　　20×4 年 1 月 31 日

姓名	本月完成合格数量 / 件	计件工资 / 元	应发工资 / 元	代扣款项					实发工资	备注
				医疗保险 / 元	养老保险 / 元	失业保险 / 元	住房公积金 / 元	个人所得税 / 元		
张兵	76	45	3,420.00	68.40	273.60	34.20			3,043.80	
王小龙	74		3,330.00	66.60	266.40	33.30			2,963.70	
林辉	77		3,465.00	69.30	277.20	34.65			3,083.85	
…	…	…							…	
合计	3,760		899,392.00	17,987.84	71,951.36	8,993.92			800,458.88	

会计主管：　　审核：　　制表：

表 3-24　车间管理人员工资结算单

37-3

20×4 年 1 月 31 日　　单位：元

姓名	基本工资	奖金	津贴	加班费	应扣工资		应发工资	代扣款项					实发工资	备注
					病假	事假		医疗保险	养老保险	失业保险	住房公积金	个人所得税		
李晓	3,000.00	1,000.00	1,200.00	400.00			5,600.00	112.00	448.00	56.00	300.00	35.52	4,648.48	
王娟	2,850.00	800.00	1,000.00	426.00		13.00	5,063.00	101.26	405.04	50.63	285.00	21.63	4,199.44	
周通	2,800.00	1,000.00	800.00	500.00	6.00		5,094.00	101.88	407.52	50.94	280.00	22.77	4,230.89	
…														
合计	31,555.00	7,840.00	7,600.00	3,026.00	12.00	13.00	49,996.00	999.92	3,999.68	499.96	3,155.50	278.56	41,062.38	

行政管理人员工资结算单见表 3-25，销售人员工资结算单见表 3-26。

表 3-25　行政管理人员工资结算单

37-4

20×4 年 1 月 31 日

单位：元

姓名	基本工资	奖金	津贴	加班费	应扣工资		应发工资	代扣款项					实发工资	备注
					病假	事假		医疗保险	养老保险	失业保险	住房公积金	个人所得税		
李晓阳	3,500.00	2,000.00	800.00	200.00	6.00		6,494.00	129.88	519.52	64.94	350.00	87.97	5,341.69	
王浩	3,000.00	1,800.00	1,000.00	420.00		10.00	6,210.00	124.20	496.80	62.10	300.00	67.69	5,159.21	
罗伊	2,900.00	1,000.00	800.00	250.00			4,950.00	99.00	396.00	49.50	290.00	18.46	4,097.04	
…														
合计	32,600.00	17,650.00	8,800.00	2,020.00	6.00	10.00	61,054.00	1,221.08	4,884.32	610.54	3,260.00	784.46	50,293.60	

表 3-26　销售人员工资结算单

37-5

20×4 年 1 月 31 日

单位：元

姓名	基本工资	奖金	津贴	加班费	应扣工资		应发工资	代扣款项					实发工资	备注
					病假	事假		医疗保险	养老保险	失业保险	住房公积金	个人所得税		
杨毅	3,000.00	5,000.00	1,000.00				9,000.00	180.00	720.00	90.00	300.00	316.00	7,394.00	
陈明	2,000.00	3,000.00	500.00				5,500.00	110.00	440.00	55.00	200.00	36.12	4,667.78	
	2,000.00	2,200.00	500.00		6.00		4,694.00	93.88	375.52	46.94	200.00	14.33	3,963.33	
…														
合计	42,000.00	20,150.00	11,450.00		6.00		73,594.00	1,471.88	5,887.52	735.94	4,200.00	984.56	60,314.10	

全体员工工资结算汇总表见表3-27。

表3-27 全体员工工资结算汇总表

37-6

20×4年1月31日

单位：元

部门		应发工资	代扣款项					实发合计	备注
			医疗保险	养老保险	失业保险	住房公积金	个人所得税		
生产车间	GT-01生产车间	1,361,238.00	27,224.76	108,899.04	13,612.38			1,211,501.82	
	GT-02生产车间	899,392.00	17,987.84	71,951.36	8,993.92			800,458.88	
	管理人员	49,996.00	999.92	3,999.68	499.96	3,155.50	278.56	41,062.38	
行政管理部门		61,054.00	1,221.08	4,884.32	610.54	3,260.00	784.46	50,293.60	
销售部门		73,594.00	1,471.88	5,887.52	735.94	4,200.00	984.56	60,314.10	
合计		2,445,274.00	48,905.48	195,621.92	24,452.74	10,615.50	2,047.58	2,163,630.78	

会计主管： 审核： 制单：

（三十八）业务38

工会经费提取计算表见表3-28，职工教育经费提取计算表见表3-29。

表3-28 工会经费提取计算表

38-1

20×4年1月31日

单位：元

部门		应发工资	计提比例	计提金额	备注
生产车间	GT-01生产车间	1,361,238.00	2%		
	GT-02生产车间	899,392.00			
	管理人员	49,996.00			
行政管理部门		61,054.00			
销售部门		73,594.00			
合计		2,445,274.00			

会计主管： 审核： 制单：

表3-29 职工教育经费提取计算表

38-2

20×4年1月31日

单位：元

部门		应发工资	计提比例	计提金额	备注
生产车间	GT-01生产车间	1,361,238.00	1.5%		
	GT-02生产车间	899,392.00			
	管理人员	49,996.00			
行政管理部门		61,054.00			
销售部门		73,594.00			
合计		2,445,274.00			

会计主管： 审核： 制单：

（三十九）业务 39

领料单 8 见表 3-30。

表 3-30　领料单 8　　39-1

20×4 年 1 月 31 日

领料单位：生产车间　　凭证编号：NO.0020

用途：包装产品　　发料仓库：周转材料仓库

品名	规格型号	数量 / 个		金额 / 元
		请领	实领	
包装箱	通用	2,550	2,550	30,663.75
合计				30,663.75

领料单位负责人：袁媛　　发料人：王建　　仓库管理员：李幕　　制单：

（四十）业务 40

固定资产折旧费用分配表见表 3-31。

表 3-31　固定资产折旧费用分配表　　40-1

20×4 年 1 月 31 日　　单位：元

项目		固定资产原值	已计提折旧	上月增加固定资产		上月减少固定资产		本月折旧额
				原值	月折旧额	原值	月折旧额	
房屋及建筑物	生产部门	28,472,497.65	10,250,099.15					106,771.90
	管理部门	10,916,784.71	3,930,042.49					40,937.94
机器设备	生产部门	29,486,390.85	5,307,550.35					221,147.90
	管理部门							
运输设备	销售部门	10,863,627.24	1,955,452.90					81,477.20
办公设备及其他	生产部门	2,352,838.23	423,510.88					17,646.29
	管理部门	4,182,823.53	752,908.23					31,371.18
合计		86,274,962.21	22,619,564.00					499,352.41

会计主管：　　审核：　　制单：

（四十一）业务 41

短期借款利息计算表见表 3-32。

表 3-32　短期借款利息计算表　　41-1

20×4 年 1 月 31 日

借款性质	借款金额 / 元	借款利息	本月应计提利息 / 元	合计 / 元
短期借款		6%		
合计				

会计主管：　　审核：　　制单：

（四十二）业务42

制造费用分配表见表3-33。

表3-33　制造费用分配表　　42-1

20×4年1月31日

项目	应借记科目	分配标准（完工量）/辆	分配率/%	应分配金额/元
GT-01电动自行车	生产成本	7,390		
GT-02电动自行车	生产成本	3,760		
合计		11,150		

会计主管：　　审核：　　制单：

（四十三）业务43

完工产品成本计算单见表3-34。

表3-34　完工产品成本计算单1　　43-1

产品：GT-01电动自行车　　20×4年1月31日

项目	产量/辆	直接材料/元	直接人工/元	制造费用/元	合计/元
月初在产品成本	1,990				
本月生产费用	7,100				
生产费用合计	9,090				
月末在产品成本	1,700	550,706.50	0	0	550,706.50
月末完工成本	7,390				
完工产品单位成本					

会计主管：　　审核：　　制单：

完工产品成本计算单2见表3-35，完工产品入库汇总表1见表3-36，完工产品入库汇总表2见表3-37。

表3-35　完工产品成本计算单2　　43-2

产品：GT-02电动自行车　　20×4年1月31日

项目	产量/辆	直接材料/元	直接人工/元	制造费用/元	合计/元
月初在产品成本	1,150				
本月生产费用	3,550				
生产费用合计	4,700				
月末在产品成本	940	405,948.40	0	0	405,948.40
月末完工成本	3,760				
完工产品单位成本					

会计主管：　　审核：　　制单：

表 3-36　完工产品入库汇总表 1　　43-3

产品：GT-01 电动自行车　　20×4 年 1 月 31 日

入库日期	入库数量 / 辆	单位成本 / 元	金额 / 元
1 月 12 日	2,200		
1 月 23 日	3,000		
1 月 30 日	2,190		
合计	7,390		

会计主管：　　仓库负责人：　　审核：　　制单：

表 3-37　完工产品入库汇总表 2　　43-4

产品：GT-02 电动自行车　　20×4 年 1 月 31 日

入库日期	入库数量 / 辆	单位成本 / 元	金额 / 元
1 月 12 日	1,300		
1 月 23 日	2,100		
1 月 30 日	360		
合计	3,760		

会计主管：　　仓库负责人：　　审核：　　制单：

（四十四）业务 44

税收通用缴款书 2 见图 3-126。

44-1

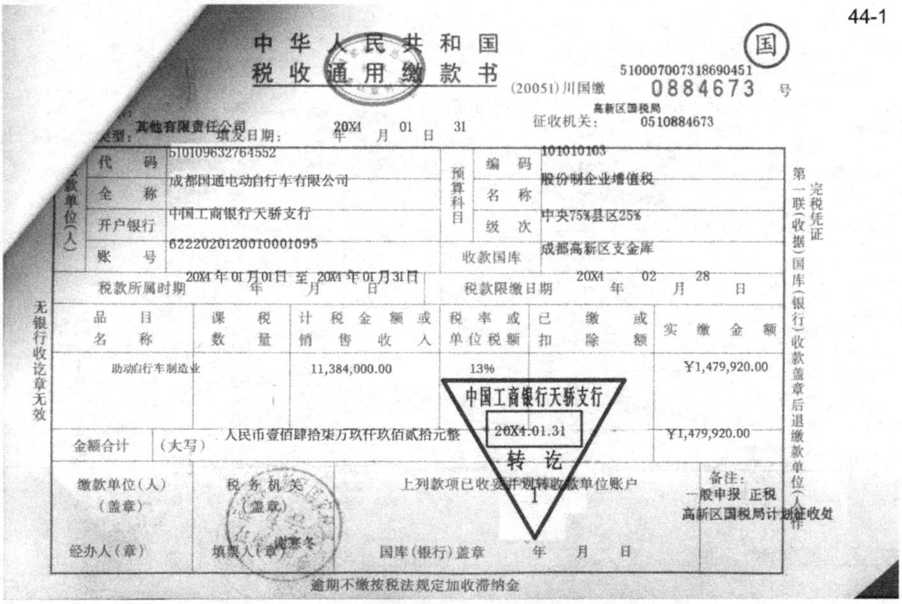

中华人民共和国
税收通用缴款书　　(国)

(20051)川国缴　5100070073186904510884673 号

类型：其他有限责任公司　填发日期：20X4 年 01 月 31 日　征收机关：高新区国税局 0510884673

缴款单位(人)		预算科目	
代码	510109632764552	编码	101010103
全称	成都国通电动自行车有限公司	名称	股份制企业增值税
开户银行	中国工商银行天骄支行	级次	中央75%县区25%
账号	6222020120010001095	收款国库	成都高新区支金库
税款所属时期	20X4 年 01 月 01 日 至 20X4 年 01 月 31 日	税款限缴日期	20X4 年 02 月 28 日

品目名称	课税数量	计税金额或销售收入	税率或单位税额	已缴或扣除额	实缴金额
助动自行车制造业		11,384,000.00	13%		¥1,479,920.00
金额合计	（大写）人民币壹佰肆拾柒万玖仟玖佰贰拾元整				¥1,479,920.00

缴款单位(人)（盖章） 经办人(章)	税务机关（盖章） 填票人(章) 谢寒冬	上列款项已收妥并划转收款单位账户 国库(银行)盖章 年 月 日	备注：一般申报 正税 高新区国税局计划征收处

中国工商银行天骄支行 20X4.01.31 转讫 1

无银行收讫章无效

第一联（收据）国库（银行）收款盖章后退缴款单位(人)作完税凭证

逾期不缴按税法规定加收滞纳金

图 3-126　税收通用缴款书 2

税收通用缴款书 3 见图 3-127。

44-2

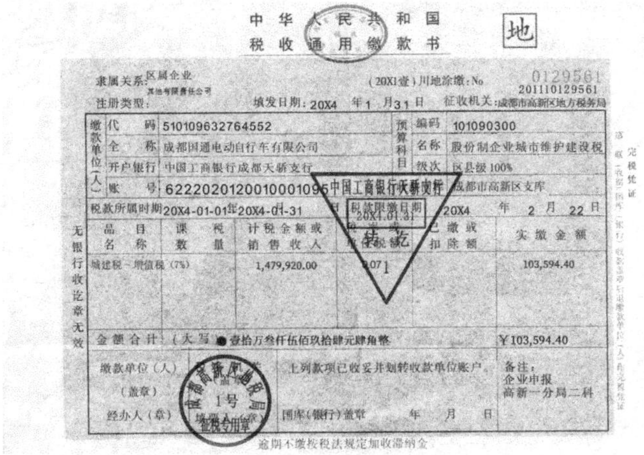

中华人民共和国
税收通用缴款书　地

隶属关系：区属企业 其他有限责任公司　　（20X1壹）川地涂缴：No 0129561 201110129561
注册类型：　　填发日期：20X4 年 1 月 31 日　　征收机关：成都市高新区地方税务局

缴款单位（人） 代码	510109632764552	预算科目 编码	101090300
全称	成都国通电动自行车有限公司	名称	股份制企业城市维护建设税
开户银行	中国工商银行成都天骄支行	级次	区县级 100%
账号	6222020120010001095	收缴国库	成都市高新区支库
税款所属时期	20X4-01-01 至 20X4-01-31	税款限缴日期	20X4 年 2 月 22 日

品目名称	课税数量	计税金额或销售收入	税率或单位税额	已缴或扣除额	实缴金额
城建税－增值税（7%）		1,479,920.00	0.07		103,594.40
金额合计（大写）壹拾万叁仟伍佰玖拾肆元肆角整					¥103,594.40

缴款单位（人）（盖章）　经办人（章）　税务机关（盖章）　填票人（章）　上列款项已收妥并划转收款单位账户。国库（银行）盖章　年　月　日　备注：企业申报 高新一分局二科

逾期不缴按税法规定加收滞纳金

图 3-127　税收通用缴款书 3

税收通用缴款书 4 见图 3-128。

44-3

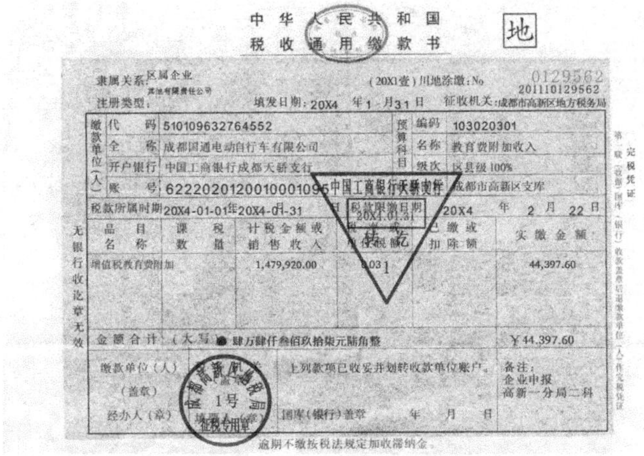

中华人民共和国
税收通用缴款书　地

隶属关系：区属企业 其他有限责任公司　　（20X1壹）川地涂缴：No 0129562 201110129562
注册类型：　　填发日期：20X4 年 1 月 31 日　　征收机关：成都市高新区地方税务局

缴款单位（人） 代码	510109632764552	预算科目 编码	103020301
全称	成都国通电动自行车有限公司	名称	教育费附加收入
开户银行	中国工商银行成都天骄支行	级次	区县级 100%
账号	6222020120010001095	收缴国库	成都市高新区支库
税款所属时期	20X4-01-01 至 20X4-01-31	税款限缴日期	20X4 年 2 月 22 日

品目名称	课税数量	计税金额或销售收入	税率或单位税额	已缴或扣除额	实缴金额
增值税教育费附加		1,479,920.00	0.03		44,397.60
金额合计（大写）肆万肆仟叁佰玖拾柒元陆角整					¥44,397.60

缴款单位（人）（盖章）　经办人（章）　税务机关（盖章）　填票人（章）　上列款项已收妥并划转收款单位账户。国库（银行）盖章　年　月　日　备注：企业申报 高新一分局二科

逾期不缴按税法规定加收滞纳金

图 3-128　税收通用缴款书 4

（四十五）业务 45

库存商品销售成本计算表 1 和 2 分别见表 3-38 和表 3-39。

表 3-38　库存商品销售成本计算表 1　　45-1

产品：GT-01 电动自行车　　20×4 年 1 月 31 日

项目	库存商品数量 / 辆	库存商品金额 / 元
月初结存		
本月完工入库		
合计		
加权平均单位成本		
本月销售		
月末结存		

会计主管：　　制单人：

表 3-39 库存商品销售成本计算表 2　　45-2

产品：GT-02 电动自行车　　20×4 年 1 月 31 日

项目	库存商品数量 / 辆	库存商品金额 / 元
月初结存		
本月完工入库		
合计		
加权平均单位成本		
本月销售		
月末结存		

会计主管：　　制单人：

（四十六）业务 46

现金盘点报告表见表 3-40。

表 3-40 现金盘点报告表　　46-1

20×4 年 1 月 31 日

盘点项目	票面	数量 / 辆	金额 / 元	盘点异常及建议	
库存现金	100	4	400.00	由出纳人员赔偿	
	50	10	500.00		
	20	13	260.00		
	10	8	80.00		
	5	12	60.00	盘点结果及要点报告	
	1	20	20.00		
	0.5	20	10.00		
	0.2		0		
	0.1	21	2.10	主管批示	
小计			1,332.10	总经理	财务经理
账面金额				同意　王新	同意　陈晨
处理结果	盘盈				
	盘亏				

以上款项及票据于 20×4 年 1 月 31 日 17 点 10 分盘点时本人在场，并如数归还无误。

保管人：　　盘点人：李媛

盘点人：李媛　　复核人：王珊　　批准人：陈晨

（四十七）业务 47

损益类账户结转表见表 3-41。

表 3-41 损益类账户结转表

47-1

20×4 年 1 月 31 日

单位：元

账户名称		金额
收入类		
小计		
费用类		
小计		

会计主管： 审核： 制单：

（四十八）业务 48

所得税费用计算表见表 3-42。

表 3-42 所得税费用计算表

48-1

20×4 年 1 月 31 日

计提依据		所得税税率 /%	应提金额 / 元	备注
项目	金额 / 元			

会计主管： 审核： 制单：

（四十九）业务 49

所得税费用账户结转表见表 3-43。

表 3-43　所得税费用账户结转表　　49-1

20×4 年 1 月 31 日

账户名称	金额 / 元

会计主管：　　审核：　　制单：

（五十）业务 50

利润预分配表见表 3-44。

表 3-44　利润预分配表　　50-1

20×4 年 1 月 31 日

分配项目	分配基数（本年净利润）/ 元	分配比例	分配金额 / 元
法定盈余公积		10%	
法定公益金		5%	
应付股利		20%	
合计			

会计主管：　　审核：　　制单：

附录

附录一：会计基础工作规范

会计基础工作规范

第一章　总　则

第一条　为了加强会计基础工作，建立规范科学的会计工作秩序，提高会计工作水平，根据《中华人民共和国会计法》的有关规定，制定本规范。

第二条　国家机关、社会团体、企业、事业单位、个体工商户和其他组织的会计基础工作，应当符合本规范的规定。

第三条　各单位应当依据有关法律、法规和本规范的规定，加强会计基础工作，严格执行会计法规制度，保证会计工作依法有序地进行。

第四条　单位领导人对本单位的会计基础工作负有领导责任。

第五条　各省、自治区、直辖市财政厅（局）要加强对会计基础工作的管理和指导，通过政策引导、经验交流、监督检查等措施，促进基层单位加强会计基础工作，不断提高会计工作水平。

国务院各业务主管部门根据职责权限管理本部门的会计基础工作。

第二章　会计机构和会计人员

第一节　会计机构设置和会计人员配备

第六条　各单位应当根据会计业务的需要设置会计机构；不具备单独设置会计机构条件的，应当在有关机构中配备专职会计人员。

事业行政单位会计机构的设置和会计人员的配备，应当符合国家统一事业行政单位会计制度的规定。

设置会计机构，应当配备会计机构负责人；在有关机构中配备专职会计人员，应当在专职会计人员中指定会计主管人员。

会计机构负责人、会计主管人员的任免，应当符合《中华人民共和国会计法》和有关法律的规定。

第七条　会计机构负责人、会计主管人员应当具备下列基本条件：

（一）坚持原则，廉洁奉公；

（二）具备会计师以上专业技术职务资格或者从事会计工作不少于三年；

（三）熟悉国家财经法律、法规、规章和方针、政策，掌握本行业业务管理的有关知识；

（四）有较强的组织能力；

（五）身体状况能够适应本职工作的要求。

第八条 没有设置会计机构或者配备会计人员的单位，应当根据《代理记账管理办法》的规定，委托会计师事务所或者持有代理记账许可证书的代理记账机构进行代理记账。

第九条 大、中型企业、事业单位、业务主管部门应当根据法律和国家有关规定设置总会计师。总会计师由具有会计师以上专业技术资格的人员担任。

总会计师行使《总会计师条例》规定的职责、权限。

总会计师的任命（聘任）、免职（解聘）依照《总会计师条例》和有关法律的规定办理。

第十条 各单位应当根据会计业务需要配备会计人员，督促其遵守职业道德和国家统一的会计制度。

第十一条 各单位应当根据会计业务需要设置会计工作岗位。

会计工作岗位一般可分为：会计机构负责人或者会计主管人员，出纳，财产物资核算，工资核算，成本费用核算，财务成果核算，资金核算，往来结算，总账报表，稽核，档案管理等。开展会计电算化和管理会计的单位，可以根据需要设置相应工作岗位，也可以与其他工作岗位相结合。

第十二条 会计工作岗位，可以一人一岗、一人多岗或者一岗多人。但出纳人员不得兼管稽核、会计档案保管和收入、费用、债权债务账目的登记工作。

第十三条 会计人员的工作岗位应当有计划地进行轮换。

第十四条 会计人员应当具备必要的专业知识和专业技能，熟悉国家有关法律、法规、规章和国家统一会计制度，遵守职业道德。

会计人员应当按照国家有关规定参加会计业务的培训。各单位应当合理安排会计人员的培训，保证会计人员每年有一定时间用于学习和参加培训。

第十五条 各单位领导人应当支持会计机构、会计人员依法行使职权；对忠于职守，坚持原则，做出显著成绩的会计机构、会计人员，应当给予精神的和物质的奖励。

第十六条 国家机关、国有企业、事业单位任用会计人员应当实行回避制度。

单位领导人的直系亲属不得担任本单位的会计机构负责人、会计主管人员。会计机构负责人、会计主管人员的直系亲属不得在本单位会计机构中担任出纳工作。

需要回避的直系亲属为：夫妻关系、直系血亲关系、三代以内旁系血亲以及配偶亲关系。

第二节 会计人员职业道德

第十七条 会计人员在会计工作中应当遵守职业道德，树立良好的职业品质、严谨的工作作风，严守工作纪律，努力提高工作效率和工作质量。

第十八条 会计人员应当热爱本职工作，努力钻研业务，使自己的知识和技能适应所从事工作的要求。

第十九条 会计人员应当熟悉财经法律、法规、规章和国家统一会计制度，并结合会计工作进行广泛宣传。

第二十条　会计人员应当按照会计法规、法规和国家统一会计制度规定的程序和要求进行会计工作，保证所提供的会计信息合法、真实、准确、及时、完整。

第二十一条　会计人员办理会计事务应当实事求是、客观公正。

第二十二条　会计人员应当熟悉本单位的生产经营和业务管理情况，运用掌握的会计信息和会计方法，为改善单位内部管理、提高经济效益服务。

第二十三条　会计人员应当保守本单位的商业秘密。除法律规定和单位领导人同意外，不能私自向外界提供或者泄露单位的会计信息。

第二十四条　财政部门、业务主管部门和各单位应当定期检查会计人员遵守职业道德的情况，并作为会计人员晋升、晋级、聘任专业职务、表彰奖励的重要考核依据。

会计人员违反职业道德的，由所在单位进行处理。

第三节　会计工作交接

第二十五条　会计人员工作调动或者因故离职，必须将本人所经管的会计工作全部移交给接替人员。没有办清交接手续的，不得调动或者离职。

第二十六条　接替人员应当认真接管移交工作，并继续办理移交的未了事项。

第二十七条　会计人员办理移交手续前，必须及时做好以下工作：

（一）已经受理的经济业务尚未填制会计凭证的，应当填制完毕。

（二）尚未登记的账目，应当登记完毕，并在最后一笔余额后加盖经办人员印章。

（三）整理应该移交的各项资料，对未了事项写出书面材料。

（四）编制移交清册，列明应当移交的会计凭证、会计账簿、会计报表、印章、现金、有价证券、支票簿、发票、文件、其他会计资料和物品等内容；实行会计电算化的单位，从事该项工作的移交人员还应当在移交清册中列明会计软件及密码、会计软件数据磁盘（磁带等）及有关资料、实物等内容。

第二十八条　会计人员办理交接手续，必须有监交人负责监交。一般会计人员交接，由单位会计机构负责人、会计主管人员负责监交；会计机构负责人、会计主管人员交接，由单位领导人负责监交，必要时可由上级主管部门派人会同监交。

第二十九条　移交人员在办理移交时，要按移交清册逐项移交；接替人员要逐项核对点收。

（一）现金、有价证券要根据会计账簿有关记录进行点交。库存现金、有价证券必须与会计账簿记录保持一致。不一致时，移交人员必须限期查清。

（二）会计凭证、会计账簿、会计报表和其他会计资料必须完整无缺。如有短缺，必须查清原因，并在移交清册中注明，由移交人员负责。

（三）银行存款账户余额要与银行对账单核对，如不一致，应当编制银行存款余额调节表调节相符，各种财产物资和债权债务的明细账户余额要与总账有关账户余额核对相符；必要时，要抽查个别账户的余额，与实物核对相符，或者与往来单位、个人核对清楚。

（四）移交人员经管的票据、印章和其他实物等，必须交接清楚；移交人员从事会计电算化工作的，要对有关电子数据在实际操作状态下进行交接。

第三十条 会计机构负责人、会计主管人员移交时，还必须将全部财务会计工作、重大财务收支和会计人员的情况等，向接替人员详细介绍。对需要移交的遗留问题，应当写出书面材料。

第三十一条 交接完毕后，交接双方和监交人员要在移交注册上签名或者盖章。并应在移交注册上注明：单位名称，交接日期，交接双方和监交人员的职务、姓名，移交清册页数以及需要说明的问题和意见等。

移交清册一般应当填制一式三份，交接双方各执一份，存档一份。

第三十二条 接替人员应当继续使用移交的会计账簿，不得自行另立新账，以保持会计记录的连续性。

第三十三条 会计人员临时离职或者因病不能工作且需要接替或者代理的，会计机构负责人、会计主管人员或者单位领导人必须指定有关人员接替或者代理，并办理交接手续。

临时离职或者因病不能工作的会计人员恢复工作的，应当与接替或者代理人员办理交接手续。

移交人员因病或者其他特殊原因不能亲自办理移交的，经单位领导人批准，可由移交人员委托他人代办移交，但委托人应当承担本规范第三十五条规定的责任。

第三十四条 单位撤销时，必须留有必要的会计人员，会同有关人员办理清理工作，编制决算。未移交前，不得离职。接收单位和移交日期由主管部门确定。

单位合并、分立的，其会计工作交接手续比照上述有关规定办理。

第三十五条 移交人员对所移交的会计凭证、会计账簿、会计报表和其他有关资料的合法性、真实性承担法律责任。

第三章 会计核算

第一节 会计核算一般要求

第三十六条 各单位应当按照《中华人民共和国会计法》和国家统一会计制度的规定建立会计账册，进行会计核算，及时提供合法、真实、准确、完整的会计信息。

第三十七条 各单位发生的下列事项，应当及时办理会计手续、进行会计核算：

（一）款项和有价证券的收付；

（二）财物的收发、增减和使用；

（三）债权债务的发生和结算；

（四）资本、基金的增减；

（五）收入、支出、费用、成本的计算；

（六）财务成果的计算和处理；

（七）其他需要办理会计手续、进行会计核算的事项。

第三十八条 各单位的会计核算应当以实际发生的经济业务为依据，按照规定的会计处理方法进行，保证会计指标的口径一致、相互可比和会计处理方法的前后各期相一致。

第三十九条　会计年度自公历1月1日起至12月31日止。

第四十条　会计核算以人民币为记账本位币。

收支业务以外国货币为主的单位，也可以选定某种外国货币作为记账本位币，但是编制的会计报表应当折算为人民币反映。

境外单位向国内有关部门编报的会计报表，应当折算为人民币反映。

第四十一条　各单位根据国家统一会计制度的要求，在不影响会计核算要求、会计报表指标汇总和对外统一会计报表的前提下，可以根据实际情况自行设置和使用会计科目。

事业行政单位会计科目的设置和使用，应当符合国家统一事业行政单位会计制度的规定。

第四十二条　会计凭证、会计账簿、会计报表和其他会计资料的内容和要求必须符合国家统一会计制度的规定，不得伪造、变造会计凭证和会计账簿，不得设置账外账，不得报送虚假会计报表。

第四十三条　各单位对外报送的会计报表格式由财政部统一规定。

第四十四条　实行会计电算化的单位，对使用的会计软件及其生成的会计凭证、会计账簿、会计报表和其他会计资料的要求，应当符合财政部关于会计电算化的有关规定。

第四十五条　各单位的会计凭证、会计账簿、会计报表和其他会计资料，应当建立档案，妥善保管。会计档案建档要求、保管期限、销毁办法等依据《会计档案管理办法》的规定进行。

实行会计电算化的单位，有关电子数据、会计软件资料等应当作为会计档案进行管理。

第四十六条　会计记录的文字应当使用中文，少数民族自治地区可以同时使用少数民族文字。中国境内的外商投资企业、外国企业和其他外国经济组织也可以同时使用某种外国文字。

第二节　填制会计凭证

第四十七条　各单位办理本规范第三十七条规定的事项，必须取得或者填制原始凭证，并及时送交会计机构。

第四十八条　原始凭证的基本要求如下。

（一）原始凭证的内容必须具备：凭证的名称；填制凭证的日期；填制凭证单位名称或者填制人姓名；经办人员的签名或者盖章；接受凭证单位名称；经济业务内容；数量、单价和金额。

（二）从外单位取得的原始凭证，必须盖有填制单位的公章；从个人取得的原始凭证，必须有填制人员的签名或者盖章。自制原始凭证必须有经办单位领导人或者其指定的人员签名或者盖章。对外开出的原始凭证，必须加盖本单位公章。

（三）凡填有大写和小写金额的原始凭证，大写与小写金额必须相符。购买实物的原始凭证，必须有验收证明。支付款项的原始凭证，必须有收款单位和收款人的收款证明。

（四）一式几联的原始凭证，应当注明各联的用途，只能以一联作为报销凭证。

一式几联的发票和收据，必须用双面复写纸（发票和收据本身具备复写纸功能的除外）套写，并连续编号。作废时应当加盖“作废”戳记，连同存根一起保存，不得撕毁。

（五）发生销货退回的，除填制退货发票外，还必须有退货验收证明；退款时，必须取得对方的收款收据或者汇款银行的凭证，不得以退货发票代替收据。

（六）职工公出借款凭据，必须附在记账凭证之后。收回借款时，应当另开收据或者退还借据副本，不得退还原借款收据。

（七）经上级有关部门批准的经济业务，应当将批准文件作为原始凭证附件。如果批准文件需要单独归档的，应当在凭证上注明批准机关名称、日期和文件字号。

第四十九条　原始凭证不得涂改、挖补。发现原始凭证有错误的，应当由开出单位重开或者更正，更正处应当加盖开出单位的公章。

第五十条　会计机构、会计人员要根据审核无误的原始凭证填制记账凭证。

记账凭证可以分为收款凭证、付款凭证和转账凭证，也可以使用通用记账凭证。

第五十一条　记账凭证的基本要求如下。

（一）记账凭证的内容必须具备：填制凭证的日期；凭证编号；经济业务摘要；会计科目；金额；所附原始凭证张数；填制凭证人员、稽核人员、记账人员、会计机构负责人、会计主管人员签名或者盖章。收款和付款记账凭证还应当由出纳人员签名或者盖章。

以自制的原始凭证或者原始凭证汇总表代替记账凭证的，也必须具备记账凭证应有的项目。

（二）填制记账凭证时，应当对记账凭证进行连续编号。一笔经济业务需要填制两张以上记账凭证的，可以采用分数编号法编号。

（三）记账凭证可以根据每一张原始凭证填制，或者根据若干张同类原始凭证汇总填制，也可以根据原始凭证汇总表填制。但不得将不同内容和类别的原始凭证汇总填制在一张记账凭证上。

（四）除结账和更正错误的记账凭证可以不附原始凭证外，其他记账凭证必须附有原始凭证。如果一张原始凭证涉及几张记账凭证，可以把原始凭证附在一张主要的记账凭证后面，并在其他记账凭证上注明附有该原始凭证的记账凭证的编号或者附原始凭证复印机。

一张复始凭证所列支出需要几个单位共同负担的，应当将其他单位负担的部分，开给对方原始凭证分割单，进行结算。原始凭证分割单必须具备原始凭证的基本内容：凭证名称、填制凭证日期、填制凭证单位名称或者填制人姓名、经办人的签名或者盖章、接受凭证单位名称、经济业务内容、数量、单价、金额和费用分摊情况等。

（五）如果在填制记账凭证时发生错误，应当重新填制。

已经登记入账的记账凭证，在当年内发现填写错误时，可以用红字填写一张与原内容相同的记账凭证，在摘要栏注明“注销某月某日某号凭证”字样，同时再用蓝字重新填制一张正确的记账凭证，注明“订正某月某日某号凭证”字样。如果会计科目没有错误，只是金额错误，也可以将正确数字与错误数字之间的差额，另编一张调整的记账凭证，调增金额用蓝字，调减金额用红字。发现以前年度记账凭证有错误的，应当用蓝字填制一张更正的记账凭证。

（六）记账凭证填制完经济业务事项后，如有空行，应当自金额栏最后一笔金额数字下的空行处至合计数上的空行处画线注销。

第五十二条 填制会计凭证，字迹必须清晰、工整，并符合下列要求：

（一）阿拉伯数字应当一个一个地写，不得连笔写。阿拉伯金额数字前面应当书写货币币种符号或者货币名称简写和币种符号。币种符号与阿拉伯金额数字之间不得留有空白。凡阿拉伯数字前写有币种符号的，数字后面不再写货币单位。

（二）所有以元为单位（其他货币种类为货币基本单位，下同）的阿拉伯数字，除表示单价等情况外，一律填写到角分；无角分的，角位和分位可写“00”，或者符号“——”；有角无分的，分位应当写“0”，不得用符号“——”代替。

（三）汉字大写数字金额如零、壹、贰、叁、肆、伍、陆、柒、捌、玖、拾、佰、仟、万、亿等，一律用正楷或者行书体书写，不得用0、一、二、三、四、五、六、七、八、九、十等简化字代替，不得任意自造简化字。大写金额数字到元或者角为止的，在“元”或者“角”字之后应当写“整”字或者“正”字；大写金额数字有分的，分字后面不写“整”或者“正”字。

（四）大写金额数字前未印有货币名称的，应当加填货币名称，货币名称与金额数字之间不得留有空白。

（五）阿拉伯金额数字中间有“0”时，汉字大写金额要写“零”字；阿拉伯数字金额中间连续有几个“0”时，汉字大写金额中可以只写一个“零”字；阿拉伯金额数字元位是“0”，或者数字中间连续有几个“0”、元位也是“0”但角位不是“0”时，汉字大写金额可以只写一个“零”字，也可以不写“零”字。

第五十三条 实行会计电算化的单位，对于机制记账凭证，要认真审核，做到会计科目使用正确，数字准确无误。打印出的机制记账凭证要加盖制单人员、审核人员、记账人员及会计机构负责人、会计主管人员印章或者签字。

第五十四条 各单位会计凭证的传递程序应当科学、合理，具体办法由各单位根据会计业务需要自行规定。

第五十五条 会计机构、会计人员要妥善保管会计凭证。

（一）会计凭证应当及时传递，不得积压。

（二）会计凭证登记完毕后，应当按照分类和编号顺序保管，不得散乱丢失。

（三）记账凭证应当连同所附的原始凭证或者原始凭证汇总表，按照编号顺序，折叠整齐，按期装订成册，并加具封面，注明单位名称、年度、月份和起讫日期、凭证种类、起讫号码，由装订人在装订线封签外签名或者盖章。

对于数量过多的原始凭证，可以单独装订保管，在封面上注明记账凭证日期、编号、种类，同时在记账凭证上注明“附件另订”和原始凭证名称及编号。

各种经济合同、存出保证金收据以及涉外文件等重要原始凭证，应当另编目录，单独登记保管，并在有关的记账凭证和原始凭证上相互注明日期和编号。

（四）原始凭证不得外借，其他单位如因特殊原因需要使用原始凭证时，经本单位会计机构负责人、会计主管人员批准，可以复制。向外单位提供的原始凭证复制件，应当在专设的登记簿上登记，并由提供人员和收取人员共同签名或者盖章。

（五）从外单位取得的原始凭证如有遗失，应当取得原开出单位盖有公章的证明，并注明原来凭证的号码、金额和内容等，由经办单位会计机构负责人、会计主管人员和单位领导人批准后，才能代作原始凭证。如果确实无法取得证明的，如火车、轮船、飞机票等凭证，由当事人写出详细情况，由经办单位会计机构负责人、会计主管人员和单位领导人批准后，代作原始凭证。

第三节 登记会计账簿

第五十六条 各单位应当按照国家统一会计制度的规定和会计业务的需要设置会计账簿。会计账簿包括总账、明细账、日记账和其他辅助性账簿。

第五十七条 现金日记账和银行存款日记账必须采用订本式账簿。不得用银行对账单或者其他方法代替日记账。

第五十八条 实行会计电算化的单位，用计算机打印的会计账簿必须连续编号，经审核无误后装订成册，并由记账人员和会计机构负责人、会计主管人员签字或者盖章。

第五十九条 启用会计账簿时，应当在账簿封面上写明单位名称和账簿名称。在账簿扉页上应当附启用表，内容包括：启用日期、账簿页数、记账人员和会计机构负责人、会计主管人员姓名，并加盖名章和单位公章。记账人员或者会计机构负责人、会计主管人员调动工作时，应当注明交接日期、接办人员或者监交人员姓名，并由交接双方人员签名或者盖章。

启用订本式账簿，应当从第一页到最后一页顺序编定页数，不得跳页、缺号。使用活页式账页，应当按账户顺序编号，并须定期装订成册。装订后再按实际使用的账页顺序编定页码。另加目录，记明每个账户的名称和页次。

第六十条 会计人员应当根据审核无误的会计凭证登记会计账簿。登记账簿的基本要求是：

（一）登记会计账簿时，应当将会计凭证日期、编号、业务内容摘要、金额和其他有关资料逐项记入账内，做到数字准确、摘要清楚、登记及时、字迹工整。

（二）登记完毕后，要在记账凭证上签名或者盖章，并注明已经登账的符号，表示已经记账。

（三）账簿中书写的文字和数字上面要留有适当空格，不要写满格；一般应占格距的二分之一。

（四）登记账簿要用蓝黑墨水或者碳素墨水书写，不得使用圆珠笔（银行的复写账簿除外）或者铅笔书写。

（五）下列情况，可以用红色墨水记账：

1. 按照红字冲账的记账凭证，冲销错误记录；

2. 在不设借贷等栏的多栏式账页中，登记减少数；

3. 在三栏式账户的余额栏前，如未印明余额方向的，在余额栏内登记负数余额；

4. 根据国家统一会计制度的规定可以用红字登记的其他会计记录。

（六）各种账簿按页次顺序连续登记，不得跳行、隔页。如果发生跳行、隔页，应当将空行、空页画线注销，或者注明“此行空白”“此页空白”字样，并由记账人员签名或者盖章。

（七）凡需要结出余额的账户，结出余额后，应当在“借或贷”等栏内写明“借”或者“贷”等字样。没有余额的账户，应当在“借或贷”等栏内写“平”字，并在余额栏内用“Q”表示。

现金日记账和银行存款日记账必须逐日结出余额。

（八）每一账页登记完毕结转下页时，应当结出本页合计数及余额，写在本页最后一行和下页第一行有关栏内，并在摘要栏内注明“过次页”和“承前页”字样；也可以将本页合计数及金额只写在下页第一行有关栏内，并在摘要栏内注明“承前页”字样。

对需要结计本月发生额的账户，结计“过次页”的本页合计数应当为自本月初起至本页末止的发生额合计数；对需要结计本年累计发生额的账户，结计“过次页”的本页合计数应当为自年初起至本页末止的累计数；对既不需要结计本月发生额也不需要结计本年累计发生额的账户，可以只将每页末的余额结转次页。

第六十一条 账簿记录发生错误，不准涂改、挖补、刮擦或者用药水消除字迹，不准重新抄写，必须按照下列方法进行更正：

（一）登记账簿时发生错误，应当将错误的文字或者数字画红线注销，但必须使原有字迹仍可辨认；然后在画线上方填写正确的文字或者数字，并由记账人员在更正处盖章。对于错误的数字，应当全部画红线更正，不得只更正其中的错误数字。对于文字错误，可只画去错误的部分。

（二）由于记账凭证错误而使账簿记录发生错误，应当按更正的记账凭证登记账簿。

第六十二条 各单位应当定期对会计账簿记录的有关数字与库存实物、货币资金、有价证券、往来单位或者个人等进行相互核对，保证账证相符、账账相符、账实相符。对账工作每年至少进行一次。

（一）账证核对。核对会计账簿记录与原始凭证、记账凭证的时间、凭证字号、内容、金额是否一致，记账方向是否相符。

（二）账账核对。核对不同会计账簿之间的账簿记录是否相符，包括：总账有关账户的余额核对，总账与明细账核对，总账与日记账核对，会计部门的财产物资明细账与财产物资保管和使用部门的有关明细账核对等。

（三）账实核对。核对会计账簿记录与财产等实有数额是否相符。包括：现金日记账账面余额与现金实际库存数相核对；银行存款日记账账面余额定期与银行对账单相核对；各种财物明细账账面余额与财物实存数额相核对；各种应收、应付款明细账账面余额与有关债务、债权单位或者个人核对等。

第六十三条 各单位应当按照规定定期结账。

（一）结账前，必须将本期内所发生的各项经济业务全部登记入账。

（二）结账时，应当结出每个账户的期末余额。需要结出当月发生额的，应当在摘要栏内注明“本月合计”字样，并在下面通栏画单红线。需要结出本年累计发生额的，应当在摘要栏内注明“本年累计”字样，并在下面通栏画单红线；12月末的“本年累计”就是全年累计发生额。全年累计发生额下面应当通栏画双红线。年度终了结账时，所有总账账户都应当结出全年发生额和年末余额。

（三）年度终了，要把各账户的余额结转到下一会计年度，并在摘要栏注明“结转下年”字样；在下一会计年度新建有关会计账簿的第一行余额栏内填写上年结转的余额，并在摘要栏注明“上年结转”字样。

第四节 编制财务报告

第六十四条 各单位必须按照国家统一会计制度的规定，定期编制财务报告。

财务报告包括会计报表及其说明。会计报表包括会计报表主表、会计报表附表、会计报表附注。

第六十五条 各单位对外报送的财务报告应当根据国家统一会计制度规定的格式和要求编制。

单位内部使用的财务报告，其格式和要求由各单位自行规定。

第六十六条 会计报表应当根据登记完整、核对无误的会计账簿记录和其他有关资料编制，做到数字真实、计算准确、内容完整、说明清楚。

任何人不得篡改或者授意、指使、强令他人篡改会计报表的有关数字。

第六十七条 会计报表之间、会计报表各项目之间，凡有对应关系的数字，应当相互一致。本期会计报表与上期会计报表之间有关的数字应当相互衔接。如果不同会计年度会计报表中各项目的内容和核算方法有变更的，应当在年度会计报表中加以说明。

第六十八条 各单位应当按照国家统一会计制度的规定认真编写会计报表附注及其说明，做到项目齐全，内容完整。

第六十九条 各单位应当按照国家规定的期限对外报送财务报告。

对外报送的财务报告，应当依次编写页码，加具封面，装订成册，加盖公章。封面上应当注明：单位名称，单位地址，财务报告所属年度、季度、月度，送出日期，并由单位领导人、总会计师、会计机构负责人、会计主管人员签名或者盖章。

单位领导人对财务报告的合法性、真实性负法律责任。

第七十条 根据法律和国家有关规定应当对财务报告进行审计的，财务报告编制单位应当先行委托注册会计师进行审计，并将注册会计师出具的审计报告随同财务报告按照规定的期限报送有关部门。

第七十一条 如果发现对外报送的财务报告有错误，应当及时办理更正手续。除更正本单位留存的财务报告外，并应同时通知接受财务报告的单位更正。错误较多的，应当重新编报。

第四章 会计监督

第七十二条 各单位的会计机构、会计人员对本单位的经济活动进行会计监督。

第七十三条 会计机构、会计人员进行会计监督的依据是：

（一）财经法律、法规、规章；

（二）会计法律、法规和国家统一会计制度；

（三）各省、自治区、直辖市财政厅（局）和国务院业务主管部门根据《中华人民共和国会计法》和国家统一会计制度制定的具体实施办法或者补充规定；

（四）各单位根据《中华人民共和国会计法》和国家统一会计制度制定的单位内部会计管理制度；

（五）各单位内部的预算、财务计划、经济计划、业务计划等。

第七十四条 会计机构、会计人员应当对原始凭证进行审核和监督。

对不真实、不合法的原始凭证，不予受理。对弄虚作假、严重违法的原始凭证，在不予受理的同时，应当予以扣留，并及时向单位领导人报告，请求查明原因，追究当事人的责任。

对记载不准确、不完整的原始凭证，予以退回，要求经办人员更正、补充。

第七十五条 会计机构、会计人员对伪造、变造、故意毁灭会计账簿或者账外设账行为，应当制止和纠正；制止和纠正无效的，应当向上级主管单位报告，请求作出处理。

第七十六条 会计机构、会计人员应当对实物、款项进行监督，督促建立并严格执行财产清查制度。发现账簿记录与实物、款项不符时，应当按照国家有关规定进行处理。超出会计机构、会计人员职权范围的，应当立即向本单位领导报告，请求查明原因，作出处理。

第七十七条 会计机构、会计人员对指使、强令编造、篡改财务报告行为，应当制止和纠正；制止和纠正无效的，应当向上级主管单位报告，请求处理。

第七十八条 会计机构、会计人员应当对财务收支进行监督。

（一）对审批手续不全的财务收支，应当退回，要求补充、更正。

（二）对违反规定不纳入单位统一会计核算的财务收支，应当制止和纠正。

（三）对违反国家统一的财政、财务、会计制度规定的财务收支，不予办理。

（四）对认为是违反国家统一的财政、财务、会计制度规定的财务收支，应当制止和纠正；制止和纠正无效的，应当向单位领导人提出书面意见请求处理。

单位领导人应当在接到书面意见起十日内作出书面决定，并对决定承担责任。

（五）对违反国家统一的财政、财务、会计制度规定的财务收支，不予制止和纠正，又不向单位领导人提出书面意见的，也应当承担责任。

（六）对严重违反国家利益和社会公众利益的财务收支，应当向主管单位或者财政、审计、税务机关报告。

第七十九条 会计机构、会计人员对违反单位内部会计管理制度的经济活动，应当制止和纠正；制止和纠正无效的，向单位领导人报告，请求处理。

第八十条 会计机构、会计人员应当对单位制定的预算、财务计划、经济计划、业务计划的执行情况进行监督。

第八十一条 各单位必须依照法律和国家有关规定接受财政、审计、税务等机关的监督，如实提供会计凭证、会计账簿、会计报表和其他会计资料以及有关情况、不得拒绝、隐匿、谎报。

第八十二条　按照法律规定应当委托注册会计师进行审计的单位，应当委托注册会计师进行审计，并配合注册会计师的工作，如实提供会计凭证、会计账簿、会计报表和其他会计资料以及有关情况，不得拒绝、隐匿、谎报，不得示意注册会计师出具不当的审计报告。

第五章　内部会计管理制度

第八十三条　各单位应当根据《中华人民共和国会计法》和国家统一会计制度的规定，结合单位类型和内容管理的需要，建立健全相应的内部会计管理制度。

第八十四条　各单位制定内部会计管理制度应当遵循下列原则：

（一）应当执行法律、法规和国家统一的财务会计制度。

（二）应当体现本单位的生产经营、业务管理的特点和要求。

（三）应当全面规范本单位的各项会计工作，建立健全会计基础，保证会计工作的有序进行。

（四）应当科学、合理，便于操作和执行。

（五）应当定期检查执行情况。

（六）应当根据管理需要和执行中的问题不断完善。

第八十五条　各单位应当建立内部会计管理体系。主要内容包括：单位领导人、总会计师对会计工作的领导职责；会计部门及其会计机构负责人、会计主管人员的职责、权限；会计部门与其他职能部门的关系；会计核算的组织形式等。

第八十六条　各单位应当建立会计人员岗位责任制度。主要内容包括：会计人员的工作岗位设置；各会计工作岗位的职责和标准；各会计工作岗位的人员和具体分工；会计工作岗位轮换办法；对各会计工作岗位的考核办法。

第八十七条　各单位应当建立账务处理程序制度。主要内容包括：会计科目及其明细科目的设置和使用；会计凭证的格式、审核要求和传递程序；会计核算方法；会计账簿的设置；编制会计报表的种类和要求；单位会计指标体系。

第八十八条　各单位应当建立内部牵制制度。主要内容包括：内部牵制制度的原则；组织分工；出纳岗位的职责和限制条件；有关岗位的职责和权限。

第八十九条　各单位应当建立稽核制度。主要内容包括：稽核工作的组织形式和具体分工；稽核工作的职责、权限；审核会计凭证和复核会计账簿、会计报表的方法。

第九十条　各单位应当建立原始记录管理制度。主要内容包括：原始记录的内容和填制方法；原始记录的格式；原始记录的审核；原始记录填制人的责任；原始记录签署、传递、汇集要求。

第九十一条　各单位应当建立定额管理制度。主要内容包括：定额管理的范围；制定和修订定额的依据、程序和方法；定额的执行；定额考核和奖惩办法等。

第九十二条　各单位应当建立计量验收制度。主要内容包括：计量检测手段和方法；计量验收管理的要求；计量验收人员的责任和奖惩办法。

第九十三条　各单位应当建立财产清查制度。主要内容包括：财产清查的范围；财产清查的组织；财产清查的期限和方法；对财产清查中发现问题的处理办法；对财产管理人员的奖惩办法。

第九十四条　各单位应当建立财务收支审批制度。主要内容包括：财务收支审批人员和审批权限；财务收支审批程序；财务收支审批人员的责任。

第九十五条　实行成本核算的单位应当建立成本核算制度。主要内容包括：成本核算的对象；成本核算的方法和程序；成本分析等。

第九十六条　各单位应当建立财务会计分析制度。主要内容包括：财务会计分析的主要内容；财务会计分析的基本要求和组织程序；财务会计分析的具体方法；财务会计分析报告的编写要求等。

第六章　附　则

第九十七条　本规范所称国家统一会计制度，是指由财政部制定或者财政部与国务院有关部门联合制定或者经财政部审核批准的在全国范围内统一执行的会计规章、准则、办法等规范性文件。

本规范所称会计主管人员，是指不设置会计机构、只在其他机构中设置专职会计人员的单位行使会计机构负责人职权的人员。

本规范第三章第二节和第三节关于填制会计凭证、登记会计账簿的规定，除特别指出外，一般适用于手工记账。实行会计电算化的单位，填制会计凭证和登记会计账簿的有关要求，应当符合财政部关于会计电算化的有关规定。

第九十八条　各省、自治区、直辖市财政厅（局）、国务院各业务主管部门可以根据本规范的原则，结合本地区、本部门的具体情况，制定具体实施办法，报财政部备案。

第九十九条　本规范由财政部负责解释、修改。

第一百条　本规范自公布之日起实施。1984 年 4 月 24 日财政部发布的《会计人员工作规则》同时废止。

附录二：中华人民共和国会计法

中华人民共和国会计法

第一章　总则

第一条　为了规范会计行为，保证会计资料真实、完整，加强经济管理和财务管理，提高经济效益，维护社会主义市场经济秩序，制定本法。

第二条　国家机关、社会团体、公司、企业、事业单位和其他组织（以下统称单位）

必须依照本法办理会计事务。

第三条　各单位必须依法设置会计账簿，并保证其真实、完整。

第四条　单位负责人对本单位的会计工作和会计资料的真实性、完整性负责。

第五条　会计机构、会计人员依照本法规定进行会计核算，实行会计监督。

任何单位或者个人不得以任何方式授意、指使、强令会计机构、会计人员伪造、变造会计凭证、会计账簿和其他会计资料，提供虚假财务会计报告。

任何单位或者个人不得对依法履行职责、抵制违反本法规定行为的会计人员实行打击报复。

第六条　对认真执行本法，忠于职守，坚持原则，做出显著成绩的会计人员，给予精神的或者物质的奖励。

第七条　国务院财政部门主管全国的会计工作。

县级以上地方各级人民政府财政部门管理本行政区域内的会计工作。

第八条　国家实行统一的会计制度。国家统一的会计制度由国务院财政部门根据本法制定并公布。

国务院有关部门可以依照本法和国家统一的会计制度制定对会计核算和会计监督有特殊要求的行业实施国家统一的会计制度的具体办法或者补充规定，报国务院财政部门审核批准。

中国人民解放军原总后勤部可以依照本法和国家统一的会计制度制定军队实施国家统一的会计制度的具体办法，报国务院财政部门备案。

第二章　会计核算

第九条　各单位必须根据实际发生的经济业务事项进行会计核算，填制会计凭证，登记会计账簿，编制财务会计报告。

任何单位不得以虚假的经济业务事项或者资料进行会计核算。

第十条　下列经济业务事项，应当办理会计手续，进行会计核算：

（一）款项和有价证券的收付；

（二）财物的收发、增减和使用；

（三）债权债务的发生和结算；

（四）资本、基金的增减；

（五）收入、支出、费用、成本的计算；

（六）财务成果的计算和处理；

（七）需要办理会计手续、进行会计核算的其他事项。

第十一条　会计年度自公历1月1日起至12月31日止。

第十二条　会计核算以人民币为记账本位币。

业务收支以人民币以外的货币为主的单位，可以选定其中一种货币作为记账本位币，但是编报的财务会计报告应当折算为人民币。

第十三条　会计凭证、会计账簿、财务会计报告和其他会计资料，必须符合国家统一的会计制度的规定。

使用电子计算机进行会计核算的，其软件及其生成的会计凭证、会计账簿、财务会计报告和其他会计资料，也必须符合国家统一的会计制度的规定。

任何单位和个人不得伪造、变造会计凭证、会计账簿及其他会计资料，不得提供虚假的财务会计报告。

第十四条　会计凭证包括原始凭证和记账凭证。

办理本法第十条所列的经济业务事项，必须填制或者取得原始凭证并及时送交会计机构。

会计机构、会计人员必须按照国家统一的会计制度的规定对原始凭证进行审核，对不真实、不合法的原始凭证有权不予接受，并向单位负责人报告；对记载不准确、不完整的原始凭证予以退回，并要求按照国家统一的会计制度的规定更正、补充。

原始凭证记载的各项内容均不得涂改；原始凭证有错误的，应当由出具单位重开或者更正，更正处应当加盖出具单位印章。原始凭证金额有错误的，应当由出具单位重开，不得在原始凭证上更正。

记账凭证应当根据经过审核的原始凭证及有关资料编制。

第十五条　会计账簿登记，必须以经过审核的会计凭证为依据，并符合有关法律、行政法规和国家统一的会计制度的规定。会计账簿包括总账、明细账、日记账和其他辅助性账簿。

会计账簿应当按照连续编号的页码顺序登记。会计账簿记录发生错误或者隔页、缺号、跳行的，应当按照国家统一的会计制度规定的方法更正，并由会计人员和会计机构负责人（会计主管人员）在更正处盖章。

使用电子计算机进行会计核算的，其会计账簿的登记、更正，应当符合国家统一的会计制度的规定。

第十六条　各单位发生的各项经济业务事项应当在依法设置的会计账簿上统一登记、核算，不得违反本法和国家统一的会计制度的规定私设会计账簿登记、核算。

第十七条　各单位应当定期将会计账簿记录与实物、款项及有关资料相互核对，保证会计账簿记录与实物及款项的实有数额相符、会计账簿记录与会计凭证的有关内容相符、会计账簿之间相对应的记录相符、会计账簿记录与会计报表的有关内容相符。

第十八条　各单位采用的会计处理方法，前后各期应当一致，不得随意变更；确有必要变更的，应当按照国家统一的会计制度的规定变更，并将变更的原因、情况及影响在财务会计报告中说明。

第十九条　单位提供的担保、未决诉讼等或有事项，应当按照国家统一的会计制度的规定，在财务会计报告中予以说明。

第二十条　财务会计报告应当根据经过审核的会计账簿记录和有关资料编制，并符合本法和国家统一的会计制度关于财务会计报告的编制要求、提供对象和提供期限的规定；其他法律、行政法规另有规定的，从其规定。

财务会计报告由会计报表、会计报表附注和财务情况说明书组成。向不同的会计资料使用者提供的财务会计报告，其编制依据应当一致。有关法律、行政法规规定会计报表、会计报表附注和财务情况说明书须经注册会计师审计的，注册会计师及其所在的会计师事务所出具的审计报告应当随同财务会计报告一并提供。

第二十一条　财务会计报告应当由单位负责人和主管会计工作的负责人、会计机构负责人（会计主管人员）签名并盖章；设置总会计师的单位，还须由总会计师签名并盖章。

单位负责人应当保证财务会计报告真实、完整。

第二十二条　会计记录的文字应当使用中文。在民族自治地方，会计记录可以同时使用当地通用的一种民族文字。在中华人民共和国境内的外商投资企业、外国企业和其他外国组织的会计记录可以同时使用一种外国文字。

第二十三条　各单位对会计凭证、会计账簿、财务会计报告和其他会计资料应当建立档案，妥善保管。会计档案的保管期限和销毁办法，由国务院财政部门会同有关部门制定。

第三章　公司、企业会计核算的特别规定

第二十四条　公司、企业进行会计核算，除应当遵守本法第二章的规定外，还应当遵守本章规定。

第二十五条　公司、企业必须根据实际发生的经济业务事项，按照国家统一的会计制度的规定确认、计量和记录资产、负债、所有者权益、收入、费用、成本和利润。

第二十六条　公司、企业进行会计核算不得有下列行为：

（一）随意改变资产、负债、所有者权益的确认标准或者计量方法，虚列、多列、不列或者少列资产、负债、所有者权益；

（二）虚列或者隐瞒收入，推迟或者提前确认收入；

（三）随意改变费用、成本的确认标准或者计量方法，虚列、多列、不列或者少列费用、成本；

（四）随意调整利润的计算、分配方法，编造虚假利润或者隐瞒利润；

（五）违反国家统一的会计制度规定的其他行为。

第四章　会计监督

第二十七条　各单位应当建立、健全本单位内部会计监督制度。单位内部会计监督制度应当符合下列要求：

（一）记账人员与经济业务事项和会计事项的审批人员、经办人员、财物保管人员的职责权限应当明确，并相互分离、相互制约；

（二）重大对外投资、资产处置、资金调度和其他重要经济业务事项的决策和执行的相互监督、相互制约程序应当明确；

（三）财产清查的范围、期限和组织程序应当明确；

（四）对会计资料定期进行内部审计的办法和程序应当明确。

第二十八条　单位负责人应当保证会计机构、会计人员依法履行职责，不得授意、指使、强令会计机构、会计人员违法办理会计事项。

会计机构、会计人员对违反本法和国家统一的会计制度规定的会计事项，有权拒

绝办理或者按照职权予以纠正。

第二十九条 会计机构、会计人员发现会计账簿记录与实物、款项及有关资料不相符的，按照国家统一的会计制度的规定有权自行处理的，应当及时处理；无权处理的，应当立即向单位负责人报告，请求查明原因，作出处理。

第三十条 任何单位和个人对违反本法和国家统一的会计制度规定的行为，有权检举。收到检举的部门有权处理的，应当依法按照职责分工及时处理；无权处理的，应当及时移送有权处理的部门处理。收到检举的部门、负责处理的部门应当为检举人保密，不得将检举人姓名和检举材料转给被检举单位和被检举人个人。

第三十一条 有关法律、行政法规规定，须经注册会计师进行审计的单位，应当向受委托的会计师事务所如实提供会计凭证、会计账簿、财务会计报告和其他会计资料以及有关情况。

任何单位或者个人不得以任何方式要求或者示意注册会计师及其所在的会计师事务所出具不实或者不当的审计报告。

财政部门有权对会计师事务所出具审计报告的程序和内容进行监督。

第三十二条 财政部门对各单位的下列情况实施监督：

（一）是否依法设置会计账簿；

（二）会计凭证、会计账簿、财务会计报告和其他会计资料是否真实、完整；

（三）会计核算是否符合本法和国家统一的会计制度的规定；

（四）从事会计工作的人员是否具备专业能力，遵守职业道德。

在对前款第（二）项所列事项实施监督，发现重大违法嫌疑时，国务院财政部门及其派出机构可以向与被监督单位有经济业务往来的单位和被监督单位开立账户的金融机构查询有关情况，有关单位和金融机构应当给予支持。

第三十三条 财政、审计、税务、人民银行、证券监管、保险监管等部门应当依照有关法律、行政法规规定的职责，对有关单位的会计资料实施监督检查。

前款所列监督检查部门对有关单位的会计资料依法实施监督检查后，应当出具检查结论。有关监督检查部门已经作出的检查结论能够满足其他监督检查部门履行本部门职责需要的，其他监督检查部门应当加以利用，避免重复查账。

第三十四条 依法对有关单位的会计资料实施监督检查的部门及其工作人员对在监督检查中知悉的国家秘密和商业秘密负有保密义务。

第三十五条 各单位必须依照有关法律、行政法规的规定，接受有关监督检查部门依法实施的监督检查，如实提供会计凭证、会计账簿、财务会计报告和其他会计资料以及有关情况，不得拒绝、隐匿、谎报。

第五章 会计机构和会计人员

第三十六条 各单位应当根据会计业务的需要，设置会计机构，或者在有关机构中设置会计人员并指定会计主管人员；不具备设置条件的，应当委托经批准设立从事会计代理记账业务的中介机构代理记账。

国有的和国有资产占控股地位或者主导地位的大、中型企业必须设置总会计师。

总会计师的任职资格、任免程序、职责权限由国务院规定。

第三十七条　会计机构内部应当建立稽核制度。

出纳人员不得兼任稽核、会计档案保管和收入、支出、费用、债权债务账目的登记工作。

第三十八条　会计人员应当具备从事会计工作所需要的专业能力。

担任单位会计机构负责人（会计主管人员）的，应当具备会计师以上专业技术职务资格或者从事会计工作三年以上经历。

本法所称会计人员的范围由国务院财政部门规定。

第三十九条　会计人员应当遵守职业道德，提高业务素质。对会计人员的教育和培训工作应当加强。

第四十条　因有提供虚假财务会计报告，做假账，隐匿或者故意销毁会计凭证、会计账簿、财务会计报告，贪污，挪用公款，职务侵占等与会计职务有关的违法行为被依法追究刑事责任的人员，不得再从事会计工作。

第四十一条　会计人员调动工作或者离职，必须与接管人员办清交接手续。

一般会计人员办理交接手续，由会计机构负责人（会计主管人员）监交；会计机构负责人（会计主管人员）办理交接手续，由单位负责人监交，必要时主管单位可以派人会同监交。

第六章　法律责任

第四十二条　违反本法规定，有下列行为之一的，由县级以上人民政府财政部门责令限期改正，可以对单位并处三千元以上五万元以下的罚款；对其直接负责的主管人员和其他直接责任人员，可以处二千元以上二万元以下的罚款；属于国家工作人员的，还应当由其所在单位或者有关单位依法给予行政处分：

（一）不依法设置会计账簿的；

（二）私设会计账簿的；

（三）未按照规定填制、取得原始凭证或者填制、取得的原始凭证不符合规定的；

（四）以未经审核的会计凭证为依据登记会计账簿或者登记会计账簿不符合规定的；

（五）随意变更会计处理方法的；

（六）向不同的会计资料使用者提供的财务会计报告编制依据不一致的；

（七）未按照规定使用会计记录文字或者记账本位币的；

（八）未按照规定保管会计资料，致使会计资料毁损、灭失的；

（九）未按照规定建立并实施单位内部会计监督制度或者拒绝依法实施的监督或者不如实提供有关会计资料及有关情况的；

（十）任用会计人员不符合本法规定的。

有前款所列行为之一，构成犯罪的，依法追究刑事责任。

会计人员有第一款所列行为之一，情节严重的，五年内不得从事会计工作。

有关法律对第一款所列行为的处罚另有规定的，依照有关法律的规定办理。

第四十三条　伪造、变造会计凭证、会计账簿，编制虚假财务会计报告，构成犯罪的，依法追究刑事责任。

有前款行为，尚不构成犯罪的，由县级以上人民政府财政部门予以通报，可以对单位并处五千元以上十万元以下的罚款；对其直接负责的主管人员和其他直接责任人员，可以处三千元以上五万元以下的罚款；属于国家工作人员的，还应当由其所在单位或者有关单位依法给予撤职直至开除的行政处分；其中的会计人员，五年内不得从事会计工作。

第四十四条　隐匿或者故意销毁依法应当保存的会计凭证、会计账簿、财务会计报告，构成犯罪的，依法追究刑事责任。

有前款行为，尚不构成犯罪的，由县级以上人民政府财政部门予以通报，可以对单位并处五千元以上十万元以下的罚款；对其直接负责的主管人员和其他直接责任人员，可以处三千元以上五万元以下的罚款；属于国家工作人员的，还应当由其所在单位或者有关单位依法给予撤职直至开除的行政处分；其中的会计人员，五年内不得从事会计工作。

第四十五条　授意、指使、强令会计机构、会计人员及其他人员伪造、变造会计凭证、会计账簿，编制虚假财务会计报告或者隐匿、故意销毁依法应当保存的会计凭证、会计账簿、财务会计报告，构成犯罪的，依法追究刑事责任；尚不构成犯罪的，可以处五千元以上五万元以下的罚款；属于国家工作人员的，还应当由其所在单位或者有关单位依法给予降级、撤职、开除的行政处分。

第四十六条　单位负责人对依法履行职责、抵制违反本法规定行为的会计人员以降级、撤职、调离工作岗位、解聘或者开除等方式实行打击报复，构成犯罪的，依法追究刑事责任；尚不构成犯罪的，由其所在单位或者有关单位依法给予行政处分。对受打击报复的会计人员，应当恢复其名誉和原有职务、级别。

第四十七条　财政部门及有关行政部门的工作人员在实施监督管理中滥用职权、玩忽职守、徇私舞弊或者泄露国家秘密、商业秘密，构成犯罪的，依法追究刑事责任；尚不构成犯罪的，依法给予行政处分。

第四十八条　违反本法第三十条规定，将检举人姓名和检举材料转给被检举单位和被检举人个人的，由所在单位或者有关单位依法给予行政处分。

第四十九条　违反本法规定，同时违反其他法律规定的，由有关部门在各自职权范围内依法进行处罚。

第七章　附　则

第五十条　本法下列用语的含义：

单位负责人，是指单位法定代表人或者法律、行政法规规定代表单位行使职权的主要负责人。

国家统一的会计制度，是指国务院财政部门根据本法制定的关于会计核算、会计监督、会计机构和会计人员以及会计工作管理的制度。

第五十一条　个体工商户会计管理的具体办法，由国务院财政部门根据本法的原则另行规定。

第五十二条　本法自2000年7月1日起施行。

附录三：企业财务会计报告条例

企业财务会计报告条例

第一章 总则

第一条 为了规范企业财务会计报告，保证财务会计报告的真实、完整，根据《中华人民共和国会计法》，制定本条例。

第二条 企业（包括公司，下同）编制和对外提供财务会计报告，应当遵守本条例。

本条例所称财务会计报告，是指企业对外提供的反映企业某一特定日期财务状况和某一会计期间经营成果、现金流量的文件。

第三条 企业不得编制和对外提供虚假的或者隐瞒重要事实的财务会计报告。

企业负责人对本企业财务会计报告的真实性、完整性负责。

第四条 任何组织或者个人不得授意、指使、强令企业编制和对外提供虚假的或者隐瞒重要事实的财务会计报告。

第五条 注册会计师、会计师事务所审计企业财务会计报告，应当依照有关法律、行政法规以及注册会计师执业规则的规定进行，并对所出具的审计报告负责。

第二章 财务会计报告的构成

第六条 财务会计报告分为年度、半年度、季度和月度财务会计报告。

第七条 年度、半年度财务会计报告应当包括：

（一）会计报表；

（二）会计报表附注；

（三）财务情况说明书。

会计报表应当包括资产负债表、利润表、现金流量表及相关附表。

第八条 季度、月度财务会计报告通常仅指会计报表，会计报表至少应当包括资产负债表和利润表。国家统一的会计制度规定季度、月度财务会计报告需要编制会计报表附注的，从其规定。

第九条 资产负债表是反映企业在某一特定日期财务状况的报表。资产负债表应当按照资产、负债和所有者权益（或者股东权益，下同）分类分项列示。其中，资产、负债和所有者权益的定义及列示应当遵循下列规定：

（一）资产，是指过去的交易、事项形成并由企业拥有或者控制的资源，该资源预期会给企业带来经济利益。在资产负债表上，资产应当按照其流动性分类分项列示，包括流动资产、长期投资、固定资产、无形资产及其他资产。银行、保险公司和非银行金融机构的各项资产有特殊性的，按照其性质分类分项列示。

（二）负债，是指过去的交易、事项形成的现时义务，履行该义务预期会导致经济利益流出企业。在资产负债表上，负债应当按照其流动性分类分项列示，包括流动负债、长期负债等。银行、保险公司和非银行金融机构的各项负债有特殊性的，按照其性质分类分项列示。

（三）所有者权益，是指所有者在企业资产中享有的经济利益，其金额为资产减去负债后的余额。在资产负债表上，所有者权益应当按照实收资本（或者股本）、资本公积、盈余公积、未分配利润等项目分项列示。

第十条　利润表是反映企业在一定会计期间经营成果的报表。利润表应当按照各项收入、费用以及构成利润的各个项目分类分项列示。其中，收入、费用和利润的定义及列示应当遵循下列规定：

（一）收入，是指企业在销售商品、提供劳务及让渡资产使用权等日常活动中所形成的经济利益的总流入。收入不包括为第三方或者客户代收的款项。在利润表上，收入应当按照其重要性分项列示。

（二）费用，是指企业为销售商品、提供劳务等日常活动所发生的经济利益的流出。在利润表上，费用应当按照其性质分项列示。

（三）利润，是指企业在一定会计期间的经营成果。在利润表上，利润应当按照营业利润、利润总额和净利润等利润的构成分类分项列示。

第十一条　现金流量表是反映企业一定会计期间现金和现金等价物（以下简称现金）流入和流出的报表。现金流量表应当按照经营活动、投资活动和筹资活动的现金流量分类分项列示。其中，经营活动、投资活动和筹资活动的定义及列示应当遵循下列规定：

（一）经营活动，是指企业投资活动和筹资活动以外的所有交易和事项。在现金流量表上，经营活动的现金流量应当按照其经营活动的现金流入和流出的性质分项列示；银行、保险公司和非银行金融机构的经营活动按照其经营活动特点分项列示。

（二）投资活动，是指企业长期资产的购建和不包括在现金等价物范围内的投资及其处置活动。在现金流量表上，投资活动的现金流量应当按照其投资活动的现金流入和流出的性质分项列示。

（三）筹资活动，是指导致企业资本及债务规模和构成发生变化的活动。在现金流量表上，筹资活动的现金流量应当按照其筹资活动的现金流入和流出的性质分项列示。

第十二条　相关附表是反映企业财务状况、经营成果和现金流量的补充报表，主要包括利润分配表以及国家统一的会计制度规定的其他附表。

利润分配表是反映企业一定会计期间对实现净利润以及以前年度未分配利润的分配或者亏损弥补的报表。利润分配表应当按照利润分配各个项目分类分项列示。

第十三条　年度、半年度会计报表至少应当反映两个年度或者相关两个期间的比较数据。

第十四条　会计报表附注是为便于会计报表使用者理解会计报表的内容而对会计报表的编制基础、编制依据、编制原则和方法及主要项目等所作的解释。会计报表附注至少应当包括下列内容：

（一）不符合基本会计假设的说明；

（二）重要会计政策和会计估计及其变更情况、变更原因及其对财务状况和经营成果的影响；

（三）或有事项和资产负债表日后事项的说明；

（四）关联方关系及其交易的说明；

（五）重要资产转让及其出售情况；

（六）企业合并、分立；

（七）重大投资、融资活动；

（八）会计报表中重要项目的明细资料；

（九）有助于理解和分析会计报表需要说明的其他事项。

第十五条 财务情况说明书至少应当对下列情况作出说明：

（一）企业生产经营的基本情况；

（二）利润实现和分配情况；

（三）资金增减和周转情况；

（四）对企业财务状况、经营成果和现金流量有重大影响的其他事项。

第三章 财务会计报告的编制

第十六条 企业应当于年度终了编报年度财务会计报告。国家统一的会计制度规定企业应当编报半年度、季度和月度财务会计报告的，从其规定。

第十七条 企业编制财务会计报告，应当根据真实的交易、事项以及完整、准确的账簿记录等资料，并按照国家统一的会计制度规定的编制基础、编制依据、编制原则和方法。

企业不得违反本条例和国家统一的会计制度规定，随意改变财务会计报告的编制基础、编制依据、编制原则和方法。

任何组织或者个人不得授意、指使、强令企业违反本条例和国家统一的会计制度规定，改变财务会计报告的编制基础、编制依据、编制原则和方法。

第十八条 企业应当依照本条例和国家统一的会计制度规定，对会计报表中各项会计要素进行合理地确认和计量，不得随意改变会计要素的确认和计量标准。

第十九条 企业应当依照有关法律、行政法规和本条例规定的结账日进行结账，不得提前或者延迟。年度结账日为公历年度每年的 12 月 31 日；半年度、季度、月度结账日分别为公历年度每半年、每季、每月的最后一天。

第二十条 企业在编制年度财务会计报告前，应当按照下列规定，全面清查资产、核实债务：

（一）结算款项，包括应收款项、应付款项、应交税金等是否存在，与债务、债权单位的相应债务、债权金额是否一致；

（二）原材料、在产品、自制半成品、库存商品等各项存货的实存数量与账面数量是否一致，是否有报废损失和积压物资等；

（三）各项投资是否存在，投资收益是否按照国家统一的会计制度规定进行确认和计量；

（四）房屋建筑物、机器设备、运输工具等各项固定资产的实存数量与账面数量是否一致；

（五）在建工程的实际发生额与账面记录是否一致；

（六）需要清查、核实的其他内容。

企业通过前款规定的清查、核实，查明财产物资的实存数量与账面数量是否一致、各项结算款项的拖欠情况及其原因、材料物资的实际储备情况、各项投资是否达到预期目的、固定资产的使用情况及其完好程度等。企业清查、核实后，应当将清查、核实的结果及其处理办法向企业的董事会或者相应机构报告，并根据国家统一的会计制度的规定进行相应的会计处理。

企业应当在年度中间根据具体情况，对各项财产物资和结算款项进行重点抽查、轮流清查或者定期清查。

第二十一条　企业在编制财务会计报告前，除应当全面清查资产、核实债务外，还应当完成下列工作：

（一）核对各会计账簿记录与会计凭证的内容、金额等是否一致，记账方向是否相符；

（二）依照本条例规定的结账日进行结账，结出有关会计账簿的余额和发生额，并核对各会计账簿之间的余额；

（三）检查相关的会计核算是否按照国家统一的会计制度的规定进行；

（四）对于国家统一的会计制度没有规定统一核算方法的交易、事项，检查其是否按照会计核算的一般原则进行确认和计量以及相关账务处理是否合理；

（五）检查是否存在因会计差错、会计政策变更等原因需要调整前期或者本期相关项目。

在前款规定工作中发现问题的，应当按照国家统一的会计制度的规定进行处理。

第二十二条　企业编制年度和半年度财务会计报告时，对经查实后的资产、负债有变动的，应当按照资产、负债的确认和计量标准进行确认和计量，并按照国家统一的会计制度的规定进行相应的会计处理。

第二十三条　企业应当按照国家统一的会计制度规定的会计报表格式和内容，根据登记完整、核对无误的会计账簿记录和其他有关资料编制会计报表，做到内容完整、数字真实、计算准确，不得漏报或者任意取舍。

第二十四条　会计报表之间、会计报表各项目之间，凡有对应关系的数字，应当相互一致；会计报表中本期与上期的有关数字应当相互衔接。

第二十五条　会计报表附注和财务情况说明书应当按照本条例和国家统一的会计制度的规定，对会计报表中需要说明的事项作出真实、完整、清楚的说明。

第二十六条　企业发生合并、分立情形的，应当按照国家统一的会计制度的规定编制相应的财务会计报告。

第二十七条　企业终止营业的，应当在终止营业时按照编制年度财务会计报告的要求全面清查资产、核实债务、进行结账，并编制财务会计报告；在清算期间，应当按照国家统一的会计制度的规定编制清算期间的财务会计报告。

第二十八条　按照国家统一的会计制度的规定，需要编制合并会计报表的企业集团，母公司除编制其个别会计报表外，还应当编制企业集团的合并会计报表。

企业集团合并会计报表，是指反映企业集团整体财务状况、经营成果和现金流量的会计报表。

第四章　财务会计报告的对外提供

第二十九条　对外提供的财务会计报告反映的会计信息应当真实、完整。

第三十条　企业应当依照法律、行政法规和国家统一的会计制度有关财务会计报告提供期限的规定，及时对外提供财务会计报告。

第三十一条　企业对外提供的财务会计报告应当依次编定页数，加具封面，装订成册，加盖公章。封面上应当注明：企业名称、企业统一代码、组织形式、地址、报表所属年度或者月份、报出日期，并由企业负责人和主管会计工作的负责人、会计机构负责人（会计主管人员）签名并盖章；设置总会计师的企业，还应当由总会计师签名并盖章。

第三十二条　企业应当依照企业章程的规定，向投资者提供财务会计报告。

国务院派出监事会的国有重点大型企业、国有重点金融机构和省、自治区、直辖市人民政府派出监事会的国有企业，应当依法定期向监事会提供财务会计报表。

第三十三条　有关部门或者机构依照法律、行政法规或者国务院的规定，要求企业提供部分或者全部财务会计报告及其有关数据的，应当向企业出示依据，并不得要求企业改变财务会计报告有关数据的会计口径。

第三十四条　非依照法律、行政法规或者国务院的规定，任何组织或者个人不得要求企业提供部分或者全部财务会计报告及其有关数据。

违反本条例规定，要求企业提供部分或者全部财务会计报告及其有关数据的，企业有权拒绝。

第三十五条　国有企业、国有控股的或者占主导地位的企业，应当至少每年一次向本企业的职工代表大会公布财务会计报告，并重点说明下列事项：

（一）反映与职工利益密切相关的信息，包括：管理费用的构成情况，企业管理人员工资、福利和职工工资、福利费用的发放、使用和结余情况，公益金的提取及使用情况，利润分配的情况以及其他与职工利益相关的信息；

（二）内部审计发现的问题及纠正情况；

（三）注册会计师审计的情况；

（四）国家审计机关发现的问题及纠正情况；

（五）重大的投资、融资和资产处置决策及其原因的说明；

（六）需要说明的其他重要事项。

第三十六条　企业依照本条例规定向有关各方提供的财务会计报告，其编制基础、编制依据、编制原则和方法应当一致，不得提供编制基础、编制依据、编制原则和方法不同的财务会计报告。

第三十七条　财务会计报告须经注册会计师审计的，企业应当将注册会计师及其会计师事务所出具的审计报告随同财务会计报告一并对外提供。

第三十八条　接受企业财务会计报告的组织或者个人，在企业财务会计报告未正式对外披露前，应当对其内容保密。

第五章　法律责任

第三十九条　违反本条例规定，有下列行为之一的，由县级以上人民政府财政部门责令限期改正，对企业可以处3000元以上5万元以下的罚款；对直接负责的主管人员和其他直接责任人员，可以处2000元以上2万元以下的罚款；属于国家工作人员的，并依法给予行政处分或者纪律处分：

（一）随意改变会计要素的确认和计量标准的；

（二）随意改变财务会计报告的编制基础、编制依据、编制原则和方法的；

（三）提前或者延迟结账日结账的；

（四）在编制年度财务会计报告前，未按照本条例规定全面清查资产、核实债务的；

（五）拒绝财政部门和其他有关部门对财务会计报告依法进行的监督检查，或者不如实提供有关情况的。

会计人员有前款所列行为之一，情节严重的，由县级以上人民政府财政部门吊销会计从业资格证书。

第四十条　企业编制、对外提供虚假的或者隐瞒重要事实的财务会计报告，构成犯罪的，依法追究刑事责任。

有前款行为，尚不构成犯罪的，由县级以上人民政府财政部门予以通报，对企业可以处5000元以上10万元以下的罚款；对直接负责的主管人员和其他直接责任人员，可以处3000元以上5万元以下的罚款；属于国家工作人员的，并依法给予撤职直至开除的行政处分或者纪律处分；对其中的会计人员，情节严重的，并由县级以上人民政府财政部门吊销会计从业资格证书。

第四十一条　授意、指使、强令会计机构、会计人员及其他人员编制、对外提供虚假的或者隐瞒重要事实的财务会计报告，或者隐匿、故意销毁依法应当保存的财务会计报告，构成犯罪的，依法追究刑事责任；尚不构成犯罪的，可以处5000元以上5万元以下的罚款；属于国家工作人员的，并依法给予降级、撤职、开除的行政处分或者纪律处分。

第四十二条　违反本条例的规定，要求企业向其提供部分或者全部财务会计报告及其有关数据的，由县级以上人民政府责令改正。

第四十三条　违反本条例规定，同时违反其他法律、行政法规规定的，由有关部门在各自的职权范围内依法给予处罚。

第六章　附　则

第四十四条　国务院财政部门可以根据本条例的规定，制定财务会计报告的具体编报办法。

第四十五条　不对外筹集资金、经营规模较小的企业编制和对外提供财务会计报告的办法，由国务院财政部门根据本条例的原则另行规定。

第四十六条　本条例自2001年1月1日起施行。

附录四：账务处理程序

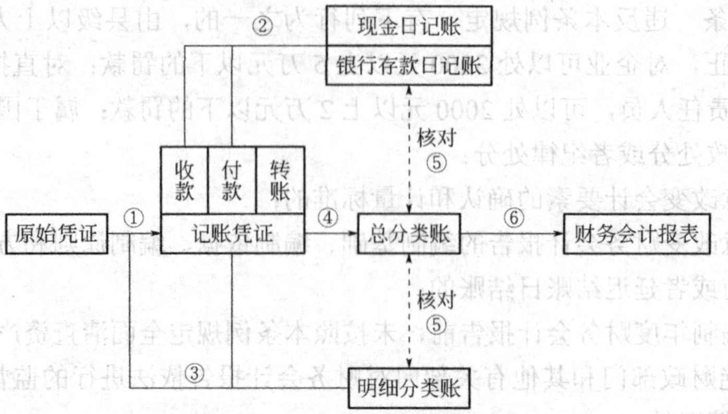

附图 4-1　记账凭证账务处理程序

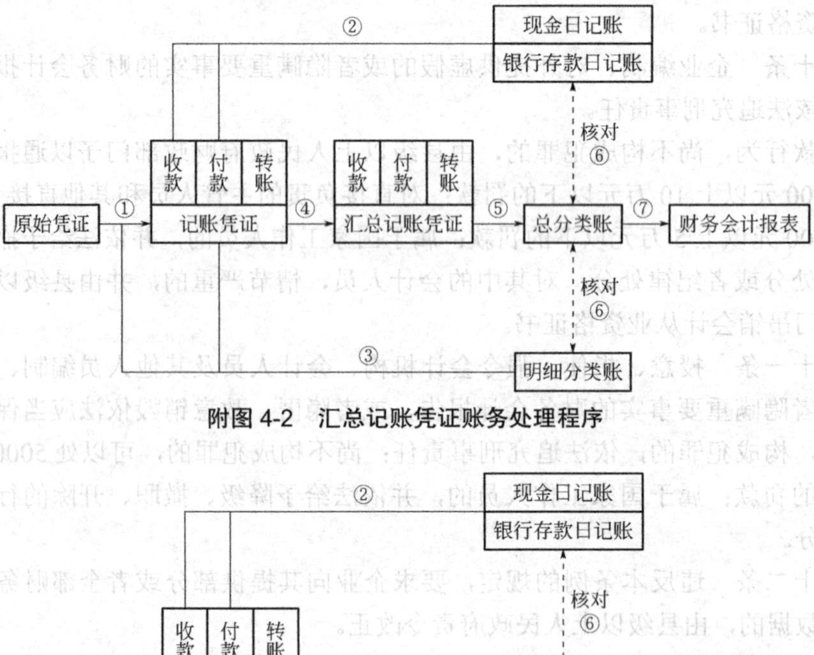

附图 4-2　汇总记账凭证账务处理程序

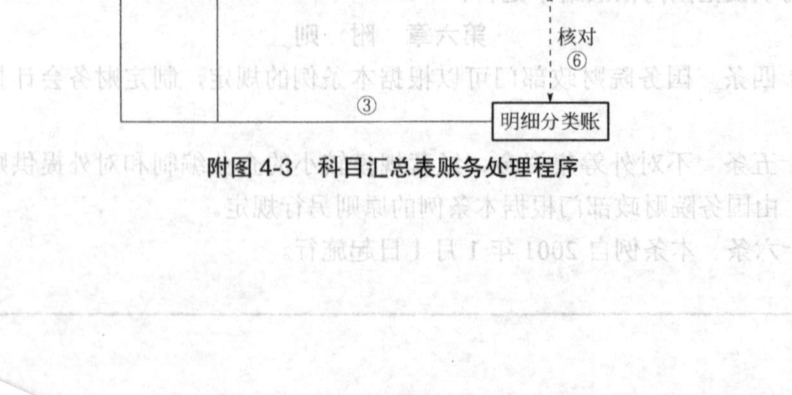

附图 4-3　科目汇总表账务处理程序